発達障害の子が羽ばたくチカラ

気になる子どもの育ちかた

発達障害の子が羽ばたくチカラ

気になる子どもの育ちかた

［監修・著］

川﨑聡大

立命館大学教授

［著］

川上康則

神谷哲司

三富貴子

和田一郎

石田賀奈子

KADOKAWA

はじめに

「どうしてうちの子は手がかかるんだろう？」「周りの子どもと比べて落ち着きがないな」「言葉を話し始めるのが遅いな」「お友達と上手に遊べないな」

子育てをする中で、ふとそんな思いや不安にとらわれる瞬間があるかもしれません。

さらに、保育園・幼稚園や学校の先生、祖父母や友人からの何気ない一言が、不安を大きくすることもあるでしょう。「大丈夫」「心配しすぎ」と根拠なく言われるたびに、かえって不信感が募ることもあるはずです。

近年、「発達障害」という言葉が広く知られるようになり、理解が進んでいるようにも見えます。しかしその一方で、飛躍した情報や誤解、偏見も少なくありません。

発達障害の特性を知ることは、「何が問題か（人と違うか）」を見つけることが目的ではなく、「どうすれば本人が今より少しでも幸せか」を考えることにつながるべきです。

しかし特性ばかりに注目してしまうと、まるで「養育者と子どもの問題」であるかのように語られがちです。けれど、これは大きな誤解です。

特性がきっかけで生じる困難さには、家庭や学校、地域社会、さらにはその時代ごとの社会文化が大きく影響します。つまり、特性の有無にかかわらず、私たちは「全員当事者」である意識を持つ必要があるのです。

私はこれまで、単なる発達障害の「説明書」や「ライフハック本」に、どれほどの意味があるのかと疑問に思ってきました。知識があっても、その運用を間違えれば偏見を助長しかねません。

また、「見たい側面」だけを強調しすぎると、多くの大事な視点を見逃してしまうこともあります。ある人にとってのライフハックが、別の人の生活を壊す可能性もあるのです。

今より少しでも過ごしやすい社会にするためには、「発達障害の特性を知ること」だけでなく、「特性との向き合い方を考えること」が必要です。

そして、特性の有無にかかわらず、子どもとどう向き合うのか、子どもを支える大きな資源である学校や地域社会がどう関わるのか。それぞれが手を取り合い、社会問題として考えることが求められます。

そのために最低限必要な「知るべき情報」を、それぞれの道のエキスパートの先生にお願いし、この本にまとめました。

この本は、発達障害の診断の有無に関係なく、「子育てに悩むすべての保護者」「教育現場で子どもに向き合う先生」「発達支援に関わる専門職」など、子どもを支えるすべての方に読んでいただきたいと思います。

子育てに困った時に手に取ることで、「安心できる」とまではいかなくても、「明日を迎えることができる一冊」になればと願っています。

川﨑聡大

目次

序章
発達障害って、いったいどんなもの？

第1章
子どものことをもっと理解するには

第2章 家庭ではぐくむ子ども

第3章 学校で大きく育つ子どもたち

第4章

社会・地域との関わりを大事に

執筆者一覧

監修・著

川﨑聡大　立命館大学産業社会学部（人間福祉専攻）教授

岡山大学大学院医歯学総合研究科博士課程修了。博士（医学）、公認心理師、言語聴覚士、特別支援教育士スーパーバイザー。発達障害や知的障害、言語障害に関する研究と実践に従事。特にディスレクシア（発達性読み書き障害）の背景機序や支援法とその効果に関して脳科学を含めた多角的な検証を行っている。主な著書に『ディスレクシア・ディスグラフィアの理解と支援：読み書き困難のある子どもへの対応』（学苑社）などがある。

著

川上康則　杉並区立済美養護学校主任教諭　立教大学兼任講師

立教大学卒業、筑波大学大学院修了。公認心理師、臨床発達心理士、特別支援教育士SV。主な著書に『教室マルトリートメント』（東洋館出版社）、『マンガでわかる　はじめて特別支援学級の担任になったら　教師と子どもが成長する学級経営』（Gakken）などがある。

著

神谷哲司　東北大学大学院教育学研究科教授

博士（教育学）、公認心理師。仙台市子ども子育て会議委員。生涯発達心理学、子育て学を専門とし、親・夫婦の発達や保育者のキャリア発達の研究を進めている。主な編著書に『夫と妻の生涯発達心理学』（福村出版）、『子ども家庭支援の心理学』（建帛社）などがある。

著

三富貴子　埼玉県熊谷市立富士見中学校 教諭　発達障害・情緒障害通級指導教室担当

東京女子体育短期大学卒。公認心理師、特別支援教育士。平成 19 年～ 21 年度まで文部科学省研究開発学校（特別支援教育）の研究に携わる。主な著書に『〔中学校〕通級指導教室担当の仕事スキル』（明治図書出版）などがある。

著

和田一郎　獨協大学国際教養学部教授

筑波大学大学院博士課程修了。博士（ヒューマン・ケア科学）、社会福祉士、精神保健福祉士。児童相談所などの第三者評価や社会福祉マクロ政策の研究をしている。主な著書に『児童相談所一時保護所の子どもと支援』（編著・明石書店）などがある。

著

石田賀奈子　立命館大学産業福祉学部（人間福祉専攻）教授

関西学院大学大学院社会学研究科博士課程後期課程満期退学。修士（社会福祉学）、社会福祉士、専門社会調査士。ソーシャルワーク、特に子ども家庭福祉領域を研究している。主な著書に『たのしく学ぶ社会福祉』（分担執筆・ミネルヴァ書房）などがある。

著

荻布優子　長崎大学教育学部准教授

東北大学大学院博士課程修了。博士（教育学）、公認心理師、臨床発達心理士、特別支援教育士SV。長崎県教育支援委員会委員などを務める。

コラム執筆

内山登紀夫
福島学院大学
福祉学部教授（副学長）

奥村智人
大阪医科薬科大学
小児高次脳機能研究所 講師

黒田 学
立命館大学産業社会学部
（人間福祉専攻）教授

砂川芽吹
お茶の水女子大学
基幹研究院人間科学系 助教

片桐正敏
北海道教育大学旭川校
教育発達専攻
特別支援教育分野 教授

難波寿和
公認心理師、臨床発達心理士

松﨑 泰
東北大学加齢医学研究所 助教

ブックデザイン	田村 梓(ten-bin)
イラスト	くにともゆかり
DTP	山本秀一・深雪(G-clef)
校正	株式会社オフィスバンズ
編集協力	矢島 史
編集	川田央恵(KADOKAWA)

序章

発達障害って、いったいどんなもの？

「発達障害」は広く知られるようになりましたが、一方で様々な情報が入り乱れています。

正しい知識と情報をぜひアップデートしましょう。

あらためて、発達障害って何？

「発達障害という言葉を聞いたことがありますか？」と聞くと、たいていの人が「知っている」と答えると思います。これは20年前では考えられなかったことですが、情報の拡散は誤解や偏見の拡散も促進します。何より急激に社会に広まった概念なので、同じ「発達障害」という言葉を使っていても、話し手の内容と聞き手の理解が同じではないことに注意が必要です（時にまったく違うこともあります）。発達障害と診断を受けた人が身の回りにいる方は、その人のイメージが当然強く反映されるでしょうし、ネガティブ・ポジティブ双方のイメージもその人の考え方や経験によって大きく左右されると思います。誤った情報を真実と誤解している人も少なくありません。

「象はどんな動物ですか？」と聞かれると、「鼻が長い」「耳が大きい」「足が大きい」

と様々な答え方をしますよね。人によって見る側面（視点）が変わると例え方（見え方）が違いますし、視野の狭さは本質的な理解を阻んでしまいます。時には「足が大きい生き物が象だからキリンも象だ！」といった誤解に晒されることもあります。

何より象とは違い、発達障害という「特性」は目に見えません。社会生活上の困難さがあって初めて診断に至るため、その人が生活する社会や文化によって見え方・見方・結果が変わります。第三者と発達障害について話す時には、自分の見え方（イメージ）や自分の生きてきた時代のイメージを相手に押し付けないことが鉄則です。

発達障害の「特性がある」ことと、発達障害の「診断が必要」の違い

発達障害の特性があるからといって、必ずしも発達障害の診断には直結しません。診断が必要かどうかは「その特性が原因で日常生活にどれくらい困難があるか」によって決まります（診断基準は時代で変化します）。例えば、ある子が対人関係面の特性を持っていたとしても、生活の中で大きな困りごとになっていなければ診断に至りません。一方で同じ特性の強さがあっても、様々な理由で生活に支障が出ている場合

は、支援を受けるために診断が必要になることがあります。

障害は個人が作り出すものではなく、個人と環境との相互作用の中で育ってしまうものです。同じ発達障害特性でも、環境によって診断を必要とする人とそうではない人が出てくることはあり得ます。また、ライフステージが変わって初めて困難さが目に付く場合も出てきます。

「発達障害の特性を治す・なくす」という考え方からは一歩離れてください。なくしていくのは特性そのものではなく、発達障害特性によって生じる生活上の困難さです。

「発達障害」の昔と今

「発達障害」という言葉自体は、1950年代から存在していましたが、当時ADHD（注意欠如多動性障害）やSLD（限局性学習障害）といった障害は認知されておらず、古典的な自閉症を指すものでもありませんでした。現在のような発達障害の認識の原型ができたのは1980年代に入ってからで、その後の変遷で2010年代にようやく今の形になっています。ほんの十数年前までADHDは、幼くは「しつけの問題」、長じれば「悪さをする子ども」といった認識でしたし、今のSLDに該当する子どもたちは当時「本人のやる気の問題」とされていたわけです。

最近耳にする「大人の発達障害」の診断が可能となったのも2010年代からですので、症状が軽く、大人になって困難さが増した方は併存症だけがクローズアップされて問題になっていました。言うまでもなく、社会生活を送る上での困難さは個人の特性だけでなく様々な要因が関与します。

発達障害の原因が母子愛着不足や家庭での育て方であるといった大いなる誤解はようやくなくなりつつあり、「発達障害って脳の障害だよね」と理解が進み始めました。とはいえすべて解明されているわけではなく、「発達障害は脳の障害」という表現も実は適切とは言い難いものとなっています。脳の障害といっても、皆さんがイメージする脳梗塞などでその領域が担う機能が低下するようなものとは様相が異なります。「脳の障害」ではなく、「脳神経系のネットワークの特異性」といった捉え方が適切だとされています。子どもの脳は様々な刺激を受けてそれを処理しつつ、より効率よく処理するために手をつなぎ合います。このネットワークの構築の仕方や順序（発達）は一人ひとり個人差があり実態は多様で、これを「遺伝的多様性」と言います。

川﨑聡大

迷信とデマに惑わされない

「親の愛着」「発達障害なんて現代病だ」「ワクチンが原因」「食品添加物や化学物質が原因」「スマホやテレビが原因」など、すでに否定されたものも含めて様々な怪しい言説が残っています。「母子愛着不足によって自閉症が起こる」といった徹底的な疑似科学もあれば、ややこしいのは勝手に事実を拡大解釈したり、ごく一部の人の限られたシチュエーションで当てはまることを拡大解釈したりしたものも少なくありません。発達障害の原因に関する医学的知見は時代で変化します。逆に「原因がはっきりしていない以上言ったもの勝ち」であり、今は否定されていても昔は定説であったものを持ち出して辻褄を合わせる人まで出てしまいます。発達障害の一番の問題は生活上の困難さです。これは個人の一部の特性だけで説明できる単純なものではありません。

様々な言説を「トンデモ理論系」「拡大解釈系」「中間系」などに分けて考えてみます。

その1「親の愛着不足で自閉症になる」：母子愛着不足で発達障害が起きることはありません。子どもにとって近しい大人と基本的な信頼関係を土台として、愛着関係を構築することは重要です。しかしASD特性を無視した関わり方を周囲が強制すると、子どもも養育者も大変な思いをすることは言うまでもありません。愛着云々ではなく、その土台へのリスクになるのです。このデマからの学びは、「発達特性を無視したテンプレート的な親子関係の押し付けは、より子どもとの関係性を損ねる場合がある」です（第2章参照）。

その2「発達障害は現代病だ」：発達障害特性を持つ人の割合は、遺伝的多様性の観点からも昔から大きな変化はありません。ただ、社会生活を送る上での「難しさ」は時代と環境によって変わります。この中には発達障害の認識も含まれています。このデマからの学びは、「社会生活上の困難さはその人が生活する社会状況やそこで生活する人々の理解度が影響する。最終的には〝現代病だ〟などと言えてしまう社会が困難さをより大きくする」です。

その3「ワクチンが発達障害の原因？」：1998年、ランセットという極めて権威のある雑誌に、「MMRワクチン*が自閉症の原因になる」というイギリスの医師アンドリュー・ウェイクフィールドが書いた論文が掲載されました（先行研究）。結論から言うと2010年に論文不正によりこの論文は撤回され、この医師は医師免許はく奪となりました。その後の研究で、2014年にはASDとワクチン接種の関係性は明確に否定されています。ただこれは単なるデマにとどまらず、ワクチンの中の「悪者」を探して2000年代前半には「予防接種に含まれる水銀が関係しているのではないか」、さらに「それなら水銀排出療法（キレート排出療法）をやればASDは治るのではないか」とどんどんおかしな方向へと展開しました。もちろん全部まとめて現在は否定されていますが、一度生まれたデマはなかなか根絶できません。その結果が2010年代以降の反ワクチン運動（もはや含まれるもの関係なく）へとつながっていきます。ここまでくると「科学」ではなく「運動」です。このデマからの学びは数多くありますが、「エビデンス（確証）は時代によって変わる。複数の検証の有無を確認」と「情報には必ず〝色（発信者の思惑）〟がついている」です。否定されてもその情報が残り続ける背景には、その情報によって様々な利益を得る人が一定数存在することがあります。また確信犯的なものは不安感情を逆手にとって、一つ否定されても新た

＊MMRワクチン＝麻疹・おたふく風邪・風疹ワクチン

なデマを生んで生き残ろうとします。こういった事態に遭遇しないためにも、養育者の心理的健康を身近な人がまず支え、守っていく必要があります。

その4「食品添加物や食べ物が障害を直接引き起こす」：これは相関と因果の拡大解釈によるものです。子どもの心身の発達において本人の健康状態や特性に合わせて適切な食環境を整えることが、よりよい影響を与えることは間違いありません。ただ、これが「保護者がきちんと食事を整えていないから（子どもが）発達障害になった」となると根拠はなく単なる呪いになります。なおグルテンフリーの効果に関しても明確に否定されています。腸内環境に関する論文の増加に合わせて息を吹き返しつつあるので注意が必要です。特にアレルギーがある場合、食事はとても大事ですがサプリメントで発達障害が治るというエビデンスはありません。このデマからの学びは「表向き関係がありそうだからと言って、それが原因とは限らない。ましてや子どもによって大いに変わるので安易な当てはめは避けるべき」です。

つまり、過度に単純化した事実、特定の領域（遺伝が、家庭が、親が）に限定した極論からは一定の距離を取ることが一番重要です。今後も医学の進歩と比例して様々な情報が出てきます。そこには新たなデマや行き過ぎた議論も含まれているでしょう。

川﨑聡大

子どもの発達を捉える――検査を活かすために

保護者から、時折「うちの子、前より知能が落ちたんです……」といった相談（報告？）を受けることがあります。結論から申し上げると、これは「間違い」です。知的発達症や発達障害、発達障害の特性や知的障害の有無にかかわらず伸びます。ただ、その子なりの伸びのプロセスが異なるわけです。知的障害だから知能指数が伸びない、発達障害だからできないことはずっとできない、というわけではありません。知能を含め発達段階をアセスメントするのは、単に定期試験の点数のように結果として捉えず、目の前の子どもの今の実態を客観的に把握して変化を分析し、さらに数年後のあるべき姿（目標）を考える手がかりにするためです。検査は結果のよしあしではなく、「これからどうするか」を考える重要な情報にすることに意義があります。

知能検査・発達検査と正しく向き合うために

まず知能や発達について学びましょう。そもそも「知能」や「発達」って身長や体重のように測ることはできませんよね？　まず知能を定義して、「この課題ができたらこれくらいの実力があるだろう」と基準を作ってパフォーマンスから「推定」するわけです。実は、検査の数だけ知能や発達の考え方があり、同じＩＱでもＷＩＳＣと田中ビネーでは捉え方が違います。また、同じ時代と文化で生活している子どもの成績から基準を作成しますので、時代や文化が変われば結果も変わります（実際に標準化という形で品質保証された知能検査は一定期間で新たなバージョンになります）。ＩＱは普遍的で生得的なものではなく、様々な要因の影響を受けた「結果」であることがわかります。

さらに、検査によって計算の仕方も異なります。平均100、1SD±15とした偏差値に近い方式のもの（偏差ＩＱ）と、実際の年齢とパフォーマンスから推定される到達年齢との比率（比率ＩＱ）で計算するものがあります。標準化された知能検査では平均±1SDの間、つまりIQ85〜115の間に約67％の人が該当します。後者は例えば生活年齢5歳で到達度が4歳とすると、4歳／5歳×100＝IQ80と推定するような方法です。

では、なぜ冒頭のように「知能が落ちた」と養育者の方は感じるのでしょうか。これは「知能検査の数字が前回の数字に比べて低かった」というのが正確な表現ですが、比率IQで考えてみましょう。先ほどの「生活年齢5歳で到達度が4歳」という子どもが5年後に同じ検査を受けたとしましょう。生活年齢は10歳で、到達年齢が6歳だとします。実際は4〜6歳相当のパフォーマンスを示す「伸び」があるわけですが、数字にすると6歳／10歳×100＝IQ60となってしまうわけです。ここでIQが20落ちたとみるか、この子の発達で2歳伸びたとみるか、どちらが大事であるかは言うまでもありません。表面的な数字に左右されないようにしましょう。

なお、発達検査と知能検査の違いですが、これまた検査によって定義や見ているものが異なり、一言で言うと発達検査は「知的な能力も含めて幅広く見ているもの」です。

まず検査によって見ようとしている側面が異なりますので、そこを知ることが大事です。IQだけでもこれだけ違うわけですから、その他の検査も含めるとなおさらです。まず検査をした専門家から、「何を見ているのか」「どう活用できるのか」をしっかり聞きましょう。以前私のところで研修していたある若いセラピストに、「（別のセラピストが取った）知能検査の結果の情報聴取をしてもいいですか？」と聞かれて（保護者了承の上で）許可したことがありました。私が何かいい情報は得られたか聞くと、「IQが65で軽度の知的障害があることがわかりました」とのことでした。それに対して私は、「ここで療育を受けている以上、知的な遅れがあることはわかっているわけで、検査結果と生活の困難さやその人らしい特徴とどうつながるのか、どのように生活に展開するのかヒントを聞いてこないとね。大事なのは『その先』だよ」と伝えたことがあります。

検査は実態を知る重要な手がかりであり、次の目標を決める指針であり、大人の関わり方を見直す（環境を変える）手がかりです。実態が3歳の子どもに5歳の子どもがわかる伝え方が適切なのかどうか、考えてみるとわかりますよね。

川﨑聡大

第1章

子どものことをもっと理解するには

発達障害の子どもが何を感じどう考えているのか……。接する時に迷うこと・困ることがあるかと思います。そんな時に知っておいてほしいことをまとめました。

子どもの視点から発達障害特性を読み解く

自閉症スペクトラム障害（ASD）――共感できないの？　違います

発達障害特性をすべて説明することはできませんので、本章ではまずASDから、「誤解が多く見方が変ると少し生活が変わる（かも）」という視点に限って説明させてください。自閉症スペクトラム障害（自閉症スペクトラム／ASD）の特性は、大きく分けて社会的相互作用とコミュニケーションの質的障害、イマジネーションの障害の2つだと言われています。「スペクトラム」の意味が示すように、特性にはグラデーションがあり、特性の強さは連続体で、同じASDでも一人ひとりが二つの側面でもそれぞれ異なる「濃さ」を有しています。二側面の前者は人とやり取りする基盤となる非言語情報の読み解きの特異性、後者は変化に対する弱さや刺激の処理の特異性、独特な学習様式等が該当するとされています。よく「前者は視線が合わない・共感の障害がある、後者はこだわり行動や感覚過敏でしょ」と言われますが、これは表面的な理解だと言えるでしょう。

まずASDは、「他者と視線が合わせられない」「共感できない」のではありません。子どもの視点から読み解くと、共感できないのではなくて、特性によって他者から共感を得られにくいことが影響しています。人は共感される（と自分が実感できる）経験を持つことで、他者への共感の土台（感情の調整や、感情表出のルールを学ぼうとする意欲等）を作り、多くのことを学びます。「ASDの人は人の気持ちがわからない」という意見を、ASD特性を持つ人の立場に立って読み替えると、特性によりそれを持たない人から共感される経験が少なくなり、ディスコミュニケーションへとつながる、と言えます。ASDを共感性の障害というのは、あくまで多数派側の視点に他なりません。実はこの視点の違いは決して小さくありません。あと、絶対に「共感される経験＝養育者の愛着」というように短絡的に結び付けないでください。愛着不足だけでASDは起きません。共感にはまず子どもの世界観を知ること、そして「独特な世界観の理解」を否定せず知る姿勢が大事なのです。

「視線が合わない」のではなくその読み解き方が独特なために気付かれにくい、気付きにくい、結果論といえます。円滑なやり取りにはことばの理解だけでなく、前後の文脈や、視線やちょっとした表情の変化、同時に複数の情報を処理して「これだ！」という解を導き続ける必要があります（我々も難しい！）。情報を同時に複数処理するより、一つひとつじっくり処理する方が得意な人には苦しい場面ですよね。そこに周囲が気付かないとコミュニケーション場面がネガティブなものになってしまいます。

相手の心情を理解するには、大きく「情動的なプロセス」と「認知的なプロセス」があります。情動的なプロセスとは、相手の感情に直感的に共鳴し、その人の感覚（感じ方）でその気持ちを感じ取ることです。一方、認知的なプロセスでは、相手の状況や発言を分析し「この人はこう思っているのではないか」と推測して理解します。例えば友達が悲しそうにしている時、「自分も胸が痛む」と内から情動が沸き起こってくるのが情動的理解、前後の文脈や記号の理解に基づいて「何か嫌なことがあったのだろう」と考えるのが認知的理解です。前者が苦手になればなるほど、後者の処理に負担がかかります。初めての場面、苦手と本人が思っている場面、緊張が増す場面ではより余裕がなくなり、ことばの端々に影響された場当たり的な反応になりやすくなります。こうなると、微細な非言語情報は見逃されてしまうのです。あるASD特性のある高校生が、先生から「もう少し行間を読んで考えて！」と先生に言われて「行と行の間に文字は書いてありません」と答えたエピソードがありますが、高校生が決して先生をからかっているわけではないことはご理解いただけるかと思います。先生からのネガティブな情動を感じてより字義的に解釈せざるを得なくなった結果であり、これを「ASDは言葉の理解が独特」と切り取ることが果たして正解でしょうか？

「こだわり行動」と「わがまま」は別次元——イマジネーションの障害とは

ASDの人に見られる「イマジネーションの障害」には「こだわり行動」や「感覚の偏り」が該当し、「想像力が乏しい」という意味ではありません。彼らはむしろ、特定の環境や状況では想像を超える具体的な想像力を発揮することがあります。「こだわり」についても、そもそも新しい物事に直面した時は誰でも「不安」を感じますが、ＡＳＤの子どもたちにはそれがとても強く現れることがあります。この不安の大きさゆえに、彼らは自分にとって予測しやすい状況や手順を選ぶことが多く、それが結果的に「変化に対する弱さ」や「こだわり」と映っているかもしれません。「手順や方略へのこだわりと見える行動は本人なりに環境への適応を工夫していった過程」だとも言えます。いきなり全否定されてどうしたらいいかわからなくなっているのに、こちら側の視点にのみ立つと「この子はパニックを起こす。何を怒っているのかわからない」となってしまいます。視点を変えるとわかり合える手がかりも見えてくるはずです。

日々子どもと向き合う上で、とりあえず意識しておく3つの視点を示します。

①自分の常識を押し付けない。自分の常識と相手の常識は異なる前提に立つ

「遊びはこうするもの」という思い込みを捨て、子どもの世界と価値観を共有させてもらい、子どもが「一緒に遊んで楽しかった！」と思える経験を持つのです。これは、その後の人とのコミュニケーションに重要な役割を果たします。

②典型発達との比較をやめ、その子の発達の過程を大切にする

できないことではなくできること・できそうなことに注目し、「何がその子の生活に役立つか」の観点でできることを増やしていきます。様々な介入や教育、支援（家庭療育を含む）は「典型発達に近づける」ものではなく、どうあれば数年先の生活が豊かになるか、その子の視点で考えることにあります。

③大人が変わることで子どもの行動は変わる

正確には、「大人が子どもの世界観を知る→子どもの行動の意味が理解できる→大人の対応が変わる→子どもの行動も変わる」という順序です。子どもは決して大人を困らせようと思って行動しているわけではなく、何らかのコミュニケーション上の意図があります。そこがわかれば対策できるのですが、単に「褒める」だけでは状況は変わりません。大人は褒めたつもり（言い換えれば制止する声かけ）でも、子どもが真逆の反応を示す場合もあります。それを理解している支援者は、実際に褒めた前後の行動の変化を確認します。

注意力と落ち着きの理解と誤解——注意欠如多動性障害（ADHD）特性

集中力がない、忘れ物が多い、落ち着きがない、最後まで座って人の話を聞けない……なんだか書いていて辛くなります。ADHD特性も、注意集中の側面と多動衝動性の側面の2つがあります。両側面に強い特性を持つ人が最も多く、落ち着きのない行動が目立つ人もいれば、注意集中の課題（不注意）が目立つ人もいます。今回は、特に注意の観点を中心にお話しします。とても大事な実行機能の話は別のところで。

◆

「心ここにあらず」でぼーっとしている場面で「集中しなさい！」と言われた経験がある人は少なくないと思います。「子どもの頃よく言われたな」と思いつつ、自分の子どもに言ってしまうことも。もちろん、子どもには怠けるつもりも大人を困らせるつもりもありません。「集中できない」のではなく、注意の向け方やそのエネルギー（認知資源：頭の「体力」）の使い方が独特で、結果として効率が悪くなっていることがあります。特性を活かす視点変換のための3つのポイントをまとめます。

①注意の向け方にはものすごく！個人差がある

注意には「向ける」と「向く（向けさせられる）」があります。何らかの刺激に本人が気付いて、あるいは意図をもって注意を向けるのが「向ける注意」で、刺激に注意が向いてしまうのが「向けさせられる注意」です。この2つのバランスや感受性は個人差が結構大きい、と思っておいてください。どちらの注意も、資源を消費するので疲れますし、注意を切り替える時にはもっと疲れます。

②好みや見通しによって疲れ方が違う

「嫌い・苦手・わからない」より「好き・得意・知っている」ものに注意を向けるほうが、資源の消費は少なく圧倒的に疲れません。「自分の好きなことは集中できるんだから勉強もがんばれば」とはいかないのです。また不安な場面では、注意を向ける対象が同じであっても圧倒的に資源の消費が増えて疲れます。

③終わりが見えないところでは全力疾走してしまう特性

自分の頭の疲れ具合は、体力と違ってなかなか自分で把握できないものです。認知資源と注意の消費の関係をエンジンとガソリンに例えると、集中できる時間が短い人は、①一気に突っ走る→②（終わりのイメージができず）一気にガソリン消費、となります。①はそれだけ高い出力を持ったエンジンを持っていますし、②では事前に見通しを持てる工夫と大人のアドバイスがあれば対応できます。この特性を持つ人は、最初の一歩が出にくいけど突っ走るケースがよくあります。一気にやり切る「過集中」が起こる背景もここにあります。ここでのＮＧワードが「やればできるやん（最初からやれば?)」です。「自分ができるからあなたもできる」は適切とは言えません。
3つのポイントを理解して子どもと向き合い、いかに「省エネ」できる環境を用意し意識できるかが大切です。まず、子どもの好みや理解の程度を把握し、学習や行事の際には導入を工夫して「わくわく感」を高めておくのも資源の消費を減らす上で有効です。集中できる時間が10分なら、5分から7分で一度休憩をとるように最初は大人が見通しを示しておきましょう。「10分がんばれるなら12分!」となりがちですが、そうなると徹底的にバッテリーが切れた状態になり、復活にはかなりの時間を要してしまいます。特性のある子はどうしても一歩目が出にくい傾向にあるので、ハードルを下げることと、いざという時に上限を決めて少し逃避できる先も用意しておきましょう。何より注意の問題の一番大きなきっかけは、大人の高いハードルと余計な声かけ、といったことが少なくありません。努力することは大切ですが、「努力すれば皆同じように集中できる」は幻想です。努力の大切さを伝えるには、子ども自身が確実に努力によって効果が実感できる枠組みを大人が準備することが大事で、ただ努力を強いるのは避けましょう。

川﨑聡大

お互いに幸せなやり取りとは

円滑なやり取り（コミュニケーション）はことばの発達だけでなく、ことばを状況に合わせて上手に使う力や、それらの土台となる力によって支えられています。ことばの発達は知的な発達と密接に関連しますし、ことばを使う力（＝コミュニケーション能力）は状況を察知する力や、それまでに培った経験も影響します。

そして円滑なやり取りには、ことばをたくさん知っているという「語彙」、長い文を理解し話すことができるという「文の理解」、といった言語の諸側面が伸びていればいいというわけではありません。話し言葉とその土台である視線や表情など非言語のコミュニケーション手段を、状況に合わせて運用する力が必要です。分厚い辞書（言語力）を持っていただけでは「物知り」とは言えません。上手に引く力（コミュニケーション力）がいりますし、「調べたい」と思わせる環境（コミュニケーション環境や「知りたい」という動機付け）が必要です。

理解力に応じたやり取り

話し言葉の理解の程度を評価する真の目的は、単に発達を知るためでも、知的発達を推定するためでもありません。ことばの理解の上限を超えた声かけには、子どもは当然反応できません。働きかける側の「この子はこう言えばわかっているはず」という思い込みは、外れている場合があるのです。そのズレを埋めるために、ことばの発達を評価するわけです。常に100％の理解力を発揮しないといけない状態でやり取りを続ければ、子どもは疲れます。現場に支援に入った際に時々「この子は口で言えばわかります！」と言われることがありますが、その状況に晒される子どもの負担に想像力を働かせてください。逆に常に持っている力の30％の働きかしかないと、子どもはつまらなくなるかもしれません。このバランスの加減がとても大事です。できれば、やり取りの場面を掘り下げて、「確実に子どもに伝えたい内容」はその子の

50%の力でわかることばの使い方をし、「新たな側面に目を向けていきたい場合」は70%から80%の力でわかる働きかけ、「少し好奇心をくすぐりたい」なら、しっかりとやり取りしたいモチベーションを高めた上で90%から100%の働きかけにしたいところです。そして、常に大人の側が「この働きかけは伝わらないかもしれない」「こちらの子は違った取り方をするかもしれない」という思いを頭の隅に留めておくことが、お互いの幸せなやり取りにつながります。

「ことばが遅れている」と思った時に

養育者は子どもの「発話がない・あるいは少ない」と言語の表出にどうしても注目しがちです。ただ、子どものことばを観察する際は、「発話がない・少ない」といった言語の表出の前に、まずその前提にある「ことばの理解」に注目する必要があります。つまりどれだけ話せるかの前に、どれだけわかっているかが大事なポイントになります。一般的に、知的発達に遅れを伴う場合でも、「ことばの理解」が「話し言葉」より一歩先を進みます。話し言葉は表面上少なくても、予想以上に理解できている子もいるので、一概に幼く扱うことも適切とは言えません。

ことばの発達について少し触れておきます。1歳で初語が出現し、1歳半を過ぎると動作の名前にも気付き、2歳を過ぎると複数の言葉を並べて人に述べ伝えることを知り、2歳後半になると「大きい・小さい」といった抽象語の理解も可能となります。「○歳ではこれができる」といった発達課題は、概ね50～70％の通過率で定められています。ことばの発達においても「できる・できない」ではなく、どれくらい深く知っているか、どう言い換えたら伝わるか、どれくらい惜しい！のかを押さえる必要があります。おしゃべりができなくても、日常生活で理解力を確認する方法はあります。電話のカードを見せて「電話」と言えなくても、受話器を耳に当てれば電話の意味概念は知っていることになります。物を扱えることも、理解の一つの段階です。

また、日常での活動の見通しも「状況の理解」を反映します。食事の場面で、「ご飯だよ」の声かけで状況がわかる／声かけとともに目の前にご飯が来てわかる／声かけののちご飯が来て、椅子に座らせてもらって気付く／さらに食べ物が口に運ばれてわかる。すべて「わかる」の段階ですし、この変化も理解の伸びです。日常の中の子どもの反応とその変化には、実態を知る多くの手がかりが隠れています。

川﨑聡大

立場が変わると何かが変わる⁉

幼児期、児童期、思春期前期から後期、さらには青年期といったライフステージが変わる際、その人の特性によって生じる困難さも変わります。それは特性の根っこの部分が変わったのではなく、各時期の社会環境や、社会から求められる役割が深く関わっているのです。幼児期に期待される能力と、児童期に期待される能力は異なります。こうした「社会からの期待」が変わることで、特性によって生じる困難さも変わるのです。それが、「その人の特性が変わった」ように見えることもあります。

例えば「小1問題」や、「9歳の壁」と呼ばれる課題は、その時期特有の社会的期待が影響した結果論とも言えます。もしかすると発達障害の「代表的な行動」とされるものも、特性の強さだけでなく、社会が子どもに何を求めるかによって形作られているのかもしれません。

さらに、今まで問題がなかったのに（その段階になって）「初めて特性が現れた」と周囲の大人の眼に映る場合もあるでしょう。つまりライフステージが変われば、「前の段階では問題がなかった」「今まで問題なく過ごしてこられた」といったことが次の段階で問題が起きないことを担保する理由にはならないわけです。ライフステージが変わり、環境も変われば、特性による困難さはあらためて見直す必要があります。

支援者の立場が変わると——医療と教育の立場の違い

支援者は、立場によってその支援の目的が異なります。医療現場の支援者は障害を診断し背景要因を精査して、診断に基づき治療やスキルに対する介入を行います。一方で教育や療育の立場の支援者は、その子の発達特性による日常生活における困難さの改善や、数年後を見越して、その子自身の「なりたい自分」に向けた取り組みをすることが目的です。また1歳半健診や3歳児健診等の乳幼児健診は、養育者と子どもが安心して生活を送ることが第一の目的で、そのために必要な支援を行います。

しかし残念ながら、医療の立場でしか子どもを見ない専門職支援者も少なくありません。その逆も然りです。求められる立場や役割を理解しない専門職支援者によって、保護者が傷つき、余計にストレスを抱えるケースもあります。一人の子どもに関わる（立場の異なる）支援者同士の連携に、課題を抱える地域も少なくありません。

こういった状況を避けるためには、①誰が中心となって支援の方向性を立てるのか明確にする　②医療の立場からはその子の「障害」だけではなく、その障害を通した生活の困難さをみる専門職支援者を見極め確保する　③療育や教育の現場の立場からは、その子のできないことを強調し羅列するのではなく、できることを家庭と一緒に見つけて生活を助ける姿勢の専門職支援者や教育者を確保することが大切です。

例えば、心理検査の結果を養育者に伝える場面を考えてみましょう。単に検査の結果だけを伝える専門職支援者もいれば、結果から日常生活での困難さを考えて養育者と共有する支援者もいます。どちらが望ましいかは言うまでもありません。養育者も、普段の困難さを具体的に伝え、検査結果との整合性を聞く姿勢が求められます。「そんなことを聞いたら嫌な顔される」という心配はいりません。そこで嫌な顔をする専門職支援者は、支援者としての資質に問題があると言っていいでしょう。

時代と環境が変わると……

昨今「発達障害は増えたのか」といった記事を見ますが、これにはほぼ意味がありません。前述のとおり（P14）、20年前と今では「発達障害」という言葉が指す医学的概念が大きく異なるため、厳密な比較は不可能です。発達障害特性としての遺伝的素因を持つ人の割合に、大きな変化はないと考えられています。その一方、「特性によって生じる困難さ」は時代の流れや社会の変化に大きく影響を受けます。「発達障害の増加は情報化の流れで広く周知されるようになった」のも理由の一つですが、特性による困難さ（生きづらさ）には社会全体の寛容さが減っていく現状や、地域社会の子育ての受け皿としての力の低下（もはや崩壊）など、様々な要因が影響しています。

また、誤った情報の広まりや教育のトレンドの変化が、新たな困難を生んでいるかもしれません。今、発達障害当事者の発信が増え（すばらしいことです）、多様な意見が聞けるようになりました。ただし、発達障害の代表ではなく自ら発信できる人の意見であることは意識しておきたいところです。二人として同じ人はいませんから。

川﨑聡大

学習面の困難さを考える

小学校に入学した子どもが学習面に困難さを抱える理由は、限局性学習症（いわゆる学習障害の医学診断名）に限ったことではありません。行動面での課題、注意やプランニングの働きに課題があると学習全般に影響を及ぼしますし、対人関係面での課題を抱えると、小学校での学びは人との相互作用によるところが大きいので、これまた影響を受けます（これらは学習を支える基盤ですね）。さらに、学習と直結した原因を見ていきましょう。

「療育」の目的を再確認する

読むことの苦手さ：小学校に入ると教科書など文字を通じて新しい知識や語彙を獲得します。読みの困難さを持つことによる学習への影響の一番の課題がここにあります。読みの苦手さで最も多いのは文字を音に変換する効率の悪さです（いわゆるディスレクシア）。単に読み間違いが多いというだけでなく読むスピードも遅く（一つひとつの文字を読む際に多大な努力を要するため）、がんばって読んでもものすごく疲れるので、当然小さな子どもは本から遠ざかっていきます。その結果、より一層文字を通じた新しい知識や語彙の獲得の経験が減っていき、頭に蓄積される「ことばの辞書」（いわゆる語彙量）が相対的に小さくなります。そうすると、高学年でより一層読みの苦手さが際立ってしまいます。

書くことの苦手さ：日本の教育では、伝統的に「書いて覚える」方法が重視されます。確かに一斉教育では多くの子どもにとって効率がよかったのですが、書いて覚えること以外の学習方法がないために全員同じように書くことを強いられて、さらに「きれいなノート至上主義」の出現が書きの苦手さを持つ子どもを苦しめました。不器用さ等の要因以外で一番多いのは、「新たに見た文字を把握して学習し、特に書く際に見たものの記憶を取り出すことの苦手さ」によるものです。よく「しっかり黒板を見ないからノートが取れないんだ！」と怒られたりしますが、このタイプにはあてはまりません。頭の中から書かれた文字の記憶を取り出す効率が悪い子どもは、そうではない子どもの何倍も黒板をしっかり見て書かざるを得ません。そこで実態にそぐわない声を浴びせられると、自己効力感は地に落ちてしまうわけです。

読みの苦手さに関してまずできること：読みと書きの苦手さは学習全体に年齢を経るごとに積み重なりますので、どこで断ち切るかが大事です。まず避けるべきは、「書けないなら徹底的に書かせよう」「読めないなら徹底的に読む経験をつけよう」という対処です。これは本人のやる気をひたすら削いでしまいます。就学前の段階では、「文字を読む（見る）と楽しい」「読みたいという気持ちを高める」ことが重要です。無理やり読ませる前に文字に注目することで、その子にとってメリットがある状況を作り出すことが重要なのです。例えば「絵本を読んで楽しむ」という活動であれば、書いてある絵と文字列が同じ意味であるとわかればいいわけです。一文字ずつ音読させ、読み間違いがあればその場で修正するのは、苦手な子どもにとって本来の「絵本を読む楽しさ」を損ねます。また、一文字ずつ取り出して読めない文字を無理やり書かせても、単なる手の運動にしかなりません。わかる→読める→書く、この順序も家庭では特に大事にしましょう。

人は苦手なことを一生懸命やるからこそ、疲れてそれ以外のところで見落としが増えます。ここでの大人の心ない一言は、子どものこころを折りかねません。さらに小学校に入ると、読み書きにとどまらず「勉強ができないのは努力が足りないから」という大人視点の誤った判断に陥りがちです。できれば「できないことには理由がある」という子どもの視点に立って、原因を一緒に探る姿勢を心がけましょう。次に「読みの苦手さ」だけに注目するのではなく、読みの経験が結果として減ってしまっても、新しい言葉に触れる機会や経験を確保できる環境を整えておくことが大事です。ICT機器には早めに慣れておき、学習面の苦手さを本人が実感する前からデジタルコンテンツを使える環境を作っておきましょう。

子どものこころが折れやすい「とめ・はね・はらい・書き順」

書くことに関しては、「とめ・はね・はらい」に最初からこだわる必要はありません（書道を除く）。確かに「きれいな字を書く」のはすばらしいことです。ただ、充分に文字を覚える前の段階、文字を思い出す負荷が高い段階ですでに子どもの頭の中の余裕はなくなっているわけです。そこで「とめ・はね・はらい」や書く時の姿勢をあれこれ言っても、本来の文字を書いて覚えることへの集中が余計に削がれてしまいます。2016年に文化庁から、『とめ』『はね』『はらい』などの細部に過度にこだわらず、文字の骨組みが過不足なく読み取れ、その文字であると判断できれば誤りとはしない」（常用漢字表の字体・字形に関する指針［報告］）と指針も出ています。こだわるのであれば、正しくかつ早く文字の形を思い出せる段階に到達してから、が望ましいです。書き順も養育者にとっては気になるポイントですが、常に一定の順序で書いていれば当面はよしとしましょう。「文字を書く時にどういう順序で手を動かしたか」というのも一つの記憶で、文字を思い出す手がかりになっています。その子なりの書きやすい順序が決まっていれば、この効果も保たれます。

学習面の困難さは、子どもの学校適用や精神健康にも密接に関連しています。宿題についても、単純に「できなかったらしなくてよい」は不適切な対応です（P144参照）。しなくてよい宿題なら最初から出さなくてよいわけです。

川﨑聡大

療育は万能か最初の向き合い方と考え方

「療育」の目的を再確認する

特に生活を送るうえでの困難さが診断の基準になっている知的障害や発達障害に関して、療育は障害や特性を「治す」ことが目的ではありません。風邪やケガではありませんから。こういうと「先生、治らないからですか？」と質問されることがありますが、それも正確ではありません。療育は発達障害特性によって生じる生活上の困難さを様々な手段を用いて少しでも楽にすることが目的です。療育は発達特性を「消して」典型発達にするためではなく、スキルを増やしていくのも目的ではなく手段！にすぎません。「発達障害特性を治す」「典型発達に近づける」といった考え方と、「できることが一つひとつ増えていった結果、またその人を取り巻く環境が変わっていった結果、典型発達の人と同様に楽しく生活を送ることができる」という考え方は同じではありません。言うまでもなく、療育は後者の第一歩です。前者の「治す」にとらわれてしまうと、本人と養育者ばかりが重荷を背負うことになりかねません。

気付くきっかけ——乳幼児健診の本来の意義

発達障害や知的障害に気付く（あるいは気付かされる）きっかけになるのが、「乳幼児健診」です。地方自治体（市区町村）によって流れは若干異なりますが、一般的には1歳6か月健診や3歳児健診の集団健診から精査の過程を経て、保健師やケースワーカーの定期フォローがあり、臨床心理士やPT（理学療法士）・OT（作業療法士）・ST（言語聴覚士）といったリハビリ職が早い段階から介在する地域もあります。知的な遅れや行動面の課題が著しい場合は1歳半健診で、ASD特性が明確な児童も3歳児健診でその多くが見出される傾向にあります。

乳幼児健診を含めた母子保健事業の本来の目的は保護者と子どもが安心して日常生

活を送ることですので、心配もあると思いますが養育者としては「この子と私の生活を少しでもよくするための提案やアドバイスを聞くことのできる場所」と考えて、積極的に利用してください。まず具体的な生活上の困ることや、子どもの困った行動、将来の不安などを、担当の方にしっかりと話しましょう。まず話すことで自分の頭の中を整理することもできます。健診結果と進路をリンクさせたような都市伝説的な噂が流れますが、これは都市伝説以前の「デマ」です。

耳を傾けるべきアドバイスとは

できる限り多くの人とつながるべきなのですが、「誰の話を聞けばいいの？」ともなりかねません。昔、私が乳幼児健診の精密健診を担当していた時、子どもの発達検査の結果を淡々と説明していると、保護者から「もっと生活に資するアドバイスを！」とお叱りを受けたことがあります（本当にその通り！）。数年先の見通しだけでなく、目の前の困りごとについて具体的な解決方法を保護者の方が実感できる形で提案しようとする人（専門職）の意見に耳を傾けましょう。見通しもないまま「とりあえず様子をみましょうとか、生活場面の掘り下げなしに「大丈夫ですよ」と言う人はいただけません。ピアサポーター（同じ経験を持つ保護者）の方であれば、自分の子どもとは別である前提に立ち、子どもの行動の持つ意味を一緒に考えてくれる人の意見に耳を傾けましょう。こういった方は、本来比較できない子どもの育ちを「そんなの軽いよ（大きな問題ではない）」「（私も大丈夫だったから）大丈夫」というように、自分の土俵を基準にしてアドバイスするようなことはありません。

多様化した療育——選ぶ基準と視点

児童発達支援やデイサービスでも様々な形で療育が提供されるようになり、療育を謳ったサービスがあふれています。根拠の薄いものもあり、また公費補助のあるものから高額私費の療育へと誘導するようなものも散見されます。値段に見合った適切なサービス内容で同意の上でなら問題ないのですが、療育の質の差が激しくなっているのも事実です。一部の療育機関ではアプローチがマニュアル化されたものまでありますが、単なる発達課題をスモールステップ化しただけのものも多く、私はお勧めしません。マニュアルで子育てができないのと同じです。

最初に述べた通り、療育は発達特性を消すものではなく、そのための修行の場でもありません。療育は万能ではなく、よりよい生活への第一歩にすぎません。まずそのためにはしっかりしたアセスメントが必須になります。子どもの行動には、大人の予測と異なる意図がある場合があります。その大人の誤解を解くのも療育の最初の大きな役割です。子どもに一番近い位置で関わる大人が「そういうつもりで行動していたのか！」と子どもの特性と意図を理解すれば、伝え方も変わります。子どもが褒められた！と実感できる場面も増えるでしょう。療育で行われるコミュニケーション支援では、ことばを教える以上に環境をマネジメントする役割が重要です。子どもと大人双方にとって負担の少ないやり取りの仕方がわかることこそ、単に「発達を促す」認知トレーニング的なアプローチよりも優先すべきことだと思います。

最後に、家庭は療育や訓練の現場ではないということを忘れないでください。家庭が子どもにとって安心安全の場であることを担保しておきましょう。

川﨑聡大

自閉症スペクトラム――将来に備えた支援とは

「自閉症スペクトラム」は、代表的な発達障害です。「スペクトラム」という言葉を付け加えたローナ・ウイングは、1979年の論文で、それまでの自閉症の診断基準が厳密すぎるがために、多くの自閉症特性を持つ子どもなどが支援の対象になっていないことを明らかにしました。

それまで、自閉症のイメージは「孤立」でした。しかし彼女は自閉症にはいろいろなタイプがあり、他の子どもと交流する子もおり、ただ交流のあり方が定型発達の子どもとは異なることなどを指摘しました。「スペクトラム」は、「多様なタイプが連続している」という意味で使われています。その代表的なイメージは「虹」。日本では虹は7つの色があると言われていますが、イギリスでは6色、フランスでは5色に分けているそうです。そのように、周囲との境目は明白なわけではありません。

「普通になる」のが理想的か

「自閉症」自体、医学論文に登場したのは80年以上前の1943年でした。この長い歴史の中で、専門家や親は自閉症を〝治療〟する方法を探ってきました。自閉症は、「コミュニケーションができない」「集団行動ができない」「こだわりが強くて変化に適応できない」など、「できないこと」で定義されてきたのです。

国際的に使用されている診断基準でも、自閉症の〝症状〟は「相互の対人的情緒的関係の欠落」とか「非言語的コミュニケーション行動を用いることの欠陥」といった、ネガティブな表現で定義されています。自閉症の歴史の中で長きにわたり、「欠落」を「補填する」、「欠陥」を「正常な状態にする」ことが診断をくだした医療者のすべきことであるとされてきました。実際に、これまで多くの薬物が自閉症の治療のために研究開発されましたが、現在も、医学的に治癒する方法は見つかっていません。

医学領域と同じように、福祉や教育の領域でも「できないことをできるようにする」ことが「療育」「特別支援教育」とされてきました。支援者や保護者が「普通の子どもができることを、できるようにしたい」と思うのは当然のことでもあります。

自閉症が増えているかどうか、それは定かではありません。ただ、自閉症と診断される子どもや大人は明らかに増えています。その最大の理由は、前述のウイングが提唱したスペクトラム概念が普及したことにあるのです。

それまで、自閉症と診断される人は比較的重度だとされましたが、現在では、本を出版したりブログやSNSで情報発信したり、当事者同士ネットでコミュニケーションを取り合う人が増えてコミュニティが構成されています。彼らの多くは、過去に〝普通に近づける〟療育や教育を受けてきた人々です。その支援を、現在どう思っているのでしょうか。そもそも、自閉症の人たちは〝普通〟になりたいのでしょうか。

今、〝普通〟を目指すことなく自閉症であることに誇りを持つ人たちが声を上げ始めています。自閉症の特性は個人の人格の一部であると考える人が増えてきたのです。彼らは、多数派向けに作られたこの世界で不利益を受けてきました。彼らの特性に合わせた環境調整をすることは、社会全体の役割です。障害受容が必要であるとすれば、受容するのは個人ではなく、社会全体の課題なのです。

内山登紀夫

第2章

家庭で
はぐくむ子ども

障害がある子でもない子でも、
とかく子育てが大変だと言われてしまう現代社会。
発達心理学の専門家からの、
子育てをがんばりすぎないためのアドバイスです。

いったいなんのために子育てをしているの？

この本の執筆にあたり、監修の川﨑先生から「ネットにあふれる耳触りがよいだけの言説ではなく、科学的な知見に基づいて書きましょう」とのお言葉をいただきました。その心意気に感銘を受けるとともに、ただ、親子関係に関するこの章の執筆には少々悩ましい気持ちも抱えています。

学生時代、子育て中の方からよく「育児書なんて役に立たない」「育児雑誌に載っているみたいには子どもは育たない」と聞いていました。何を言っても「イヤ」と言って聞かない我が子をどうしていいのかわからず、育児書を手に取ったけれども、ピンとこない。今でいえば「ネットの情報は信用できない」という感じでしょうか。

研究者の立場からすれば、科学的な知見に基づいて話をしようとすればするほど、一般的な傾向や、あたりさわりのない表現になりがちな気がします。結果、「うちの子には当てはまらない」との印象を植えつけてしまうようにも思えるのです。「泣いている時は受け止めて、優しくなだめてあげましょう」なんて書いてあっても、「いや、もうやってるわ！」とツッコみたい気持ちになりますよね。

子どもの個性はほんとうにそれぞれ

子どもに対してどう接すればよいのかは、その子どもの個性や特性、あるいは「気質」（「発達特性」の素ともいえる、生まれながらに持っている神経学的な行動傾性を言います。例えば、突然大きな音がした時に、過敏に反応して泣くのか、意に介せずゆったりと過ごすのかの違いなどがあります）といった子どもの特徴を考える必要があります。例えば「2歳児にはこうすればよい」といった一般的な話はピンと来ないでしょう。何より、この「気質」という個人差は実にその幅が広く、本当にいろいろな子どもがいます。

保育園児たちがお散歩をしていて、草にテントウムシがとまっているのに気がついたとしましょう。「かわいい」と言って触ろうとする子、気持ち悪いと後ずさりする子、先生に「あれ何？」と質問をする子、本当は質問したいのだけれど恥ずかしくて質問できない子、そもそもどんなふうに質問すればよいか言葉を選べない子、はたまた、そんなみんなの姿は意に介せずひとりだけ上空を通り過ぎる飛行機をずっと見ている子などなど、反応は実に様々です。

このように、子どもと一言でいっても、その特性や行動特徴は実にバラバラで、簡単に、「こんな時はこんな風にすればいいよ」という言い方は難しいなと思うのです。

子どもとの向き合い方を考える

同時に、「子育て」が日常的に続いていくものであることを考えると、親の関わり方も、意図によって変わってくる場合があります。例えば、歯磨きが終わった後にジュースを飲みたいと子どもがねだってきた時にどうするか。「しつけ」として、寝る前に甘いものは取らないことにしているよね、とルールを伝えてそれを守るという態度を示すことも必要でしょう。しかし、その日がたまたまその子にとって非常につらい出来事があった日で、悲しい気持ちのままお布団に向かうことができず、その気持ちを受け止めてもらいたくて、ジュースをねだってきているのだとしたらどうでしょう。その気持ちを受け止めて、でも、飲んだ後ちゃんともう1回歯磨きするんだよと約束をして、その要求を受け入れてあげてもいいのではないでしょうか。こうした、「どのように育ってほしいか」という親の願いと、子ども自身の育ちの姿や日々の気持ちの浮き沈みというものとのすり合わせもまた、育児書通りに、ルール通りにいかない子育ての現実の姿のように思えます。一方、育児書や育児雑誌は子ども一人ひとりの特性や気持ちの動きまでカバーしきれず、保護者に届きづらいのではないでしょうか。そういうわけで、本章の執筆にあたって悩ましく感じているのです。

そこでこの章では、主に小学校に入る前の子育てを中心に、親としてどうすべきか、どうあるべきかではなく、発達障害の有無にこだわらず、そもそも子どもと向き合う時に、保護者がどのように考えればいいのか、保護者が自分自身をどのように捉えればよいのかについて、手助けになるようなことをお伝えできればと思います。そしてその中で、自分の子育てのスタイルを見つけてもらえるといいなぁと思うのです。そのスタイルとは、一言でいえば、「なんのために子育てをしているのか」について、自分なりの答えを持っていることだと思います。

神谷哲司

「気にならない子」なんていない

親は子どもの社会化を促す存在

「なんのために子育てをしているのですか」と聞かれて、子育て中の皆さんはどのようにお答えになるでしょうか。「子どもが自立して生活していけるようにするため」「能力を発揮して社会で活躍してもらうため」あるいは、「親が老後寂しい思いをしないため」なんていう答えもあるかと思います。ちなみに、太平洋戦争前に生まれた女性たちは、「子どもを産むのは人としての務め。姓やお墓を継ぐ者が必要」など、産み育てることを社会的な意味として捉えていました。まさに子育ての常識も時代によって大きく変わってきていることが実感できるかと思います。もちろん、同じ時代でも、人によって子育ての目的もそれぞれいろいろあるでしょう。

発達心理学や家族社会学では、「親は子どもの社会化のエージェント（担い手、導き手）である」という表現をします。すなわち親という存在は、子どもが社会の一員として成長していくために必要な役割を果たす案内役だというのです。具体的には、子どもの成長に合わせて、自分たちの生活の基盤となっている社会や文化における価値観やルールを伝達する。大人としての行動のモデルを示す。子どもの気持ちや感情の動きを受け止める。感情の調節や自己表現を促す。コミュニケーションを豊かにする。さらには、親子関係や家族に閉じこもることなく、やがて旅立っていく「社会」につなげていく。こうした子どもにしてあげることの一つひとつが「社会化」の中に含まれているようにも思われます。先の子育ての目的に出てきた「自立」や「社会で活躍」というのもこうした「社会化」の結果であると言えるでしょうし、「老後寂しい思いをしないため」という理由であっても、老後の生活を支えるだけの自活力があることが前提となっていると考えられます。

一方、そこに「子どもに将来幸せになってほしい」という願いがあることは、多くの保護者に共通していると思います。

子育ては、「親の理想」と「子どもの現実」のぶつかり合い

ただ、子どもの幸せを思う「願い」は往々にして、理想の子どもイメージを作り出すものです。それは「将来ピアニストになってほしい」といった長期的な理想だけではなく、「保育園のバスの時間に間に合うよう、早くご飯を食べ終わってほしい」という生活の見通しも含めた「理想のイメージ」です。逆に、子育てをしている母親は、子どもが言うことを聞かない、無理な要求をする、口答えやいたずらをするといった時に、子どもに対して「いや」だと思うことが示されています。いずれも、こうあってほしいという理想の姿（素直に言うことを聞く、わがままを言わない、いたずらをしない）に反する姿を子どもたちが見せているということでしょう。

この「親の理想イメージ」と「子どもの現実」は、さらに子どもの特性や気質、日々の気持ちの浮き沈みの中でも大きくずれたりもします。逆に、子どもが成長することや、親が自分の理想を修正することで、ズレが小さくなることもあります。子どもが小さいうちは子どもの可能性は未知数であり、その分親も豊かな夢と理想をイ

メージできます。けれども、現実の子どもの姿は親の理想イメージを裏切ります。

例えば、「触らないでほしい」という願いに反して、化粧台の口紅を顔中に塗りたくるようなかわいいいたずらもするでしょうし、キャンプごっこと称してマッチで火遊びというような危険なこともするかもしれません。中でも、ルールを言って聞かせても思い出せなかったり、思い出したとしてもやりたい気持ちがそれに勝ってしまったりするような子どもは、いつまでも「言うことを聞く」ようにはなりません。

あるいは、いつまでもゲームをしていて、お風呂に入ろうとしない中学生というケースもありそうですね。これも、親が願う生活リズムやしつけの「理想」と、それに沿わない子どもの「現実」とのぶつかり合いです。ただ、中学生くらいの時期は親子関係を軸に仲間関係が広がり、そちらに軸を移していく発達段階。オンラインゲームでつながる友達との関係を大事にしたい思いも、理解できなくはありません。

このように「親の理想イメージ」と「子どもの現実」は、ぶつかり合う中でズレを大きくしたり小さくしたりし続けます。時には親にストレスを与えたり、時にはかわいいいたずらで癒してくれたり。ほとんどの親にそうしたぶつかり合いがあり、「気にならない子はいない」と言えるのだろうと思います。

神谷哲司

子どもの障害を受容するということ

前節でお話ししたように、「気にならない子はいない」とも言えます。しかし、子どもが障害を持つと診断されるケースでは、そのぶつかり合いは極めて激しいものになるでしょう。中でも発達障害は、見た目は他の子どもと何ら変わらないことが多く、受け止めるのも大変だと思います。事実、障害児を育てている親はそうでない親に比べて抑うつや不安の程度が高く、夫婦関係も緊張状態に陥りやすいこと、社会から疎外されていると感じやすくなっていることなどが様々な研究で示されています。またブラッドフォードという研究者は、期待していた子育てではないことに対する悲嘆や、子どもの将来や生活設計がはっきり見通せない不安、あるいは特別なケアや医療的処置に関わる移動や経済的な負担などのストレスがかかりやすいことを挙げています。それだけ、子どもの「障害」という事実は、親の生活全体に大きな影響を与えるものなのです。

子どもの障害を受け止めるということ

では、親は子どもの障害をどのように受け止めるのでしょうか。一般には、ドローター（アメリカの小児科医）によるプロセスが紹介されることが多いようです。それは、障害があるという事実を知ったことで衝撃を受ける段階（①ショック）、そしてその事実を「何かの間違いだ」「診断ミスではないか」といった形で否定する段階（②否認）、「どうしてこんなことになったのか」「なぜ自分だけがこんな思いを」といった悲嘆や怒りを覚える段階（③悲しみと怒り）を経て、やがて少しずつ目の前の現実を受け入れていくようになり（④適応）、その障害について前向きに知識を得たり、行動したりするようになるというプロセスです。ただ実際に、障害児の保護者すべてがこのようなプロセスを通っていくのでしょうか？

子どもの障害とともに生きていくということ

障害の受容プロセスはもっと多様です。以前、5歳のASD児の保護者が、「この子のことがわかってから、最初は戸惑いましたが、いろいろな方に支えられながらようやく、関わり方もわかってきました。でも、あと1年ほどで小学校に上がるんです。特支（特別支援学校）か、普通校の特別支援学級か、いろいろと調べたり考えたりしなきゃいけなくて、それがちょっとしんどいです」と語っていました。こうしたことを考えると、やはり単純に「受容に至る」というようなものではなく、その時々の状況の中で、不安になる要素とそれを解消しようとする力がバランスを取りながら、心理的な安定――不安定を作り出していると考えた方がよさそうです。

つまり障害児の子育てには、不安を作り出す要素（危険因子）と、そうした不安を打ち消そうとする力（防御因子）の2つがあると整理できます。「危険因子」は例えば、障害の重さや知的機能の遅れの程度、医療的なケアの必要性などの疾病や障害そのものに関することから、仕事と子育ての両立や子どもの送り迎えなど療育に関わる負担、さらには、子どもが障害を持っていることで生じる日常的なストレス要因（例えば、子どものことで生じた夫婦ゲンカなども含む）などです。

「防御因子」としては、社会的なスキルや大きなストレスへの耐性といった保護者自身の内的な力だけではなく、家庭内の夫婦間の協力や職場や地域社会のサポートなども挙げられます。中でも、周囲からのサポートが障害受容の初期段階から重要です。また、そのサポートも、専門家から得られる支援は障害についての正しい知識であり、同じ障害を持つ親同士から得られるのは情緒的、共感的なサポートであるなど、質的に異なっています。そして、様々な人たちからのサポートがあることで、障害児を育てる親も、親として成長、発達していくのです。

このように「危険因子」「防御因子」という枠組みで考えると、単純に「障害を受け止める／受け止めない」「保護者がんばれ！」という話ではないことがわかってきます。保護者は日々悩みながらも、周囲の支えがあるからこそ、障害を持った子どもに向き合っていけるのだと思います。これは、障害の受容にのみ適用できるものではなく、いわゆる「気になる子」を含めたモデルでもあります。「気にならない子はいない」という観点からすれば、すべての子どもの子育てに応用できる考え方なのです。

神谷哲司

どうして子育てはこんなにしんどいのか

100年前の農村社会の子育てと現代の子育て

子育ては楽しいばかりではない。こういった認識は近年世間に広まり、学生からも「子育ては大変だから、自分には自信がないです」なんて言われることもあります。

しかし、どうして子育てはこんなにしんどいのでしょうか？　このことを考えるために、現代の子育てと昔の子育てとを比較してみたいと思います。ここでは100年ほど前、大正時代から昭和初期の農村社会で考えてみましょう。

この頃は乳幼児の死亡率が高かったことから、「たくさん産んで、残った子を育てる」時代でした。また、農業では遅くとも思春期を迎える頃には働くことができます

ので、子どもたちも農作業や家事などに労働力を提供することが期待されていました。そうしたこともあり、当時はきょうだいの数（＝女性が一生のうちに産む子どもの人数）も多かったのです。農業そのものも現代のように機械化されていないので、子どもも含め、村の人々が文字通り力を合わせ、相互に助け合いながら共同体として生活していました。子どもたちは4、5歳にもなれば年長の子どもたちと一緒に、子ども集団の中で里山を駆け回って遊んでいたので、親が一日中子どもの傍らにいて面倒を見るようなことはありませんでした。

また、興味深いことに、この時代の女性がどれくらいの時間を家業（農業）と家事・育児に費やしていたかについて調べた研究では、2歳の男の子の子育ては祖母と15歳の次女が同じくらい担っており、母親はほとんど我が子の養育に関わっていないことが示されています。こうしたことは、この時代の子育てが、大家族を中心として様々な大人や年長者によって営まれていたことを示すものだと考えられます。

一方、核家族が基本の現代日本社会では、子どもの数はせいぜい1人か2人であり、子育ては基本的には家の中で営まれます。共働きも増え、日中は保育所等の保育施設で過ごす子どもたちも増えました。保育時間は長時間、長期間になる傾向がありますが、それでも保護者はお迎えをして、帰宅してご飯を食べ（させ）、お風呂に入り（洗い）、寝かしつけるといった日常的な世話をしなくてはいけません。さらに子育て世代の男性の労働時間は依然として長く、子どもの世話を母親がワンオペでやっている家庭も珍しくない状況です。ましてや、日々の世話だけでなく、オムツや着替えなど園での生活に必要なものや行事の準備、健康診断や予防接種、習い事などの調整も長期的な生活の中で求められるようになります。まさに、「無理ゲー」（攻略することがほぼ無理なゲーム）なのです。

昔の子育て環境から学びたいこと

先に見た100年前の地域社会での子育ても、衛生面や医療的ケアが行き届いていなかったり、大人数ゆえの人間関係のトラブルなど苦労も多かっただろうと思われます。ただ、子どもが育つ環境としては、子どもたちは多様な大人や年長者や仲間の中で、自分なりの安心できる相手を見つけることができたり、誰かとの関係で気まずくなっても、他に頼れる人を見つけたりできたことでしょう。ところが現代では、家庭内にいるのは多くても父母ときょうだいの4～5人、少ない場合には母親と子どもの2人きりです。幼少の子どもは愛着対象となった保護者にくっつきたがるため、特にその対象となることの多い母親は、ずっと子どもと過ごしていることをつらい、しんどいと感じてしまうのだと思います。実際、共働きの母親よりも子どもと離れる時間の少ない専業主婦の母親の方が育児ストレスは高いという研究結果があります。

昔の子どもたちは、幼少であっても祖母や姉を含めた複数の養育者の世話を受けながら、多様な人間関係の中で育っていたのでした。だとすると、私たちは今あらためて、子どもの育つ環境として過去と現在の事実を比べ、子どもにとっても望ましい生育環境とは何かを考えていく必要があるように思われます。例えば近年、「発達障害児が増えている（ように見える）」と言われています。それが定義の変更によるものなら、なぜ変わったのか。そもそも、「気になる子」に対して、私たちは何を「気にしている」のか、なぜ「気になる」のか、考える必要があるでしょう。その根底には「子育ては親の責任」という現代的な価値観が潜んでいるのだと思います。

神谷哲司

親も親として育っていく

生涯発達における親の発達

子どもの育ち、あるいは「発達」というと、子どもがどのように「大人」になっていくかの道筋を示すものと思われるでしょう。しかし、現在の発達心理学における「発達」とは、子どもが大人になるプロセスだけを示すものではなく、「生まれてから死ぬまでの変化」全般として捉えるようになっています。つまり「発達」とは、身長が伸びたり、何か能力を獲得したりといった「右肩上がり」の変化を示すものだけではなく、「耳が遠くなった」「覚えていたことを思い出せなくなった」というような機能の喪失や衰退をも含めて、人生における様々な変化を示すものとして捉えるようになっているのです。

また、子どもの育ちや発達を明らかにしようとしてきた発達心理学において、当初「親」という存在は、子どもの発達に影響を与える存在であると受け止められていました。しかし、様々な子どもの育ちの姿が明らかになっていく中で、親の側もまた、子どもから発せられる泣き声や微笑といったシグナルや身体の動きによって変化し、親と子どものコミュニケーションを形作っていくことが示されるようになりました。生後すぐに授乳しようとした時、赤ちゃんもお母さんも最初はうまくできなかったりするけれども、赤ちゃんは吸い方を学び、お母さんは抱っこの仕方を試行錯誤し、母子双方が互いにうまくいくように調整をしているのです。その意味では、親も親としての養育スキルを身につけていっているのだと思います。

「理想」と「現実」のぶつかり合いの中で、親もいろいろ考える

本章（P64）で、「親の理想イメージ」と「子どもの現実の姿」とのズレによって、子育てが「イヤになる」ことがあるという研究を紹介しました。しかしこの研究の興

味深いところは、ただ子育てがイヤになるだけではなく、同時に、そうした不快感情をきっかけとして、子どものこれまでの育ちや自分自身の関わり方について振り返り、子どもに対する認識を改めたり、これまでとは違った関わり方を模索したりするようになる点です。例えば、早く食べてほしいのになかなかご飯を食べ進めない子どもに対してイラッとした後、それでも、「こうして自分でフォークを使って食べるようになったんだなぁ」と子どもの成長を振り返ったり、あるいはもう少し小さいお皿で出してみたらどうだろうと、それまでとは違ったやり方を模索してみたりします。イラッという親の不快感情は、親が持つ理想イメージといった「親自身の視点」から生じますが、一方で、子どもの育ちを振り返って感慨深く思ったり、よりよい子どもへの別の関わり方を模索したりするのは、「子どもの視点」に立っています。

親が子どもの育ちに期待することは、様々あります。それでも、親視点での期待が一方的に押し付けられるのではなく、それが子どもにとってどのような意味を持つのか、どう関われば子どもが変わってくれるのかと考えている。そのことが、「期待」を現実に沿うように修正したり、親自身の感情をコントロールしたり、子どもへの関わり方を試行錯誤したりといった努力につながっているのです。

親視点と子ども視点の切り替えは、一度で終わるようなものではありません。様々な「期待」と「現実」のズレは日々生じるものであり、それが子どもの成長・発達に合わせてさらに変化していきます。すでに成人した20代から30代の子どもを持つ50代から60代の母親を対象としたインタビュー調査でも、自分の期待による親視点と子ども視点が切り替わりながら、やがて「子どもから学ぶ」視点を得て、母親として成長していると認識していることが示されています（大島、2013）。

親の発達の一側面として、親となる前と比べて自身のパーソナリティがどう変化したかを尋ねた研究では、「視野が広くなった」「柔軟になった」といったポジティブな面が示される一方、「自由を失った」というネガティブな面も示されました。これらの面すべてが、親が子どもとの関わり方に影響を受けていることが示唆されています。「親としての発達」の認識も、「親視点」と「子ども視点」とを行ったり来たりしながら、自分の感情状態や子どもへの期待を調整する中で生じてくるものと考えられます。その意味でも、発達障害の有無にかかわらず、親が子育てを通して自分自身を振り返るだけの心のゆとりや、精神的な健康がきちんと保証される社会である必要があり、地域の子育て支援もそこを目指すべきものだと思うのです。

神谷哲司

愛着障害って何？
世にはびこる愛着言説

「赤ちゃんには母親が一番」という根深い神話

子育てについて語る時、よく「なんだかんだ言っても、赤ちゃんには母親が一番でしょ」という声が聞こえてきます。この考え方は母性神話とも言われ、「神話」という言葉にも表されているように、科学的な根拠がないことが示されています。なぜなら、愛着は母親との間でだけ築かれるものではないからです。

愛着とは、ボウルビィという精神医学者が提唱した概念であり、一般には「乳児と養育者との間に形成される情緒的な絆」と説明されています。ただ、近年この言葉が子育て界隈で氾濫し、扱いには慎重を要するとも思っています。というのも、愛着が適切に形成されないことで生じる「愛着障害」という言葉が、広く浅い意味で広がってしまい、子育てに悩む保護者をさらに追い込んでいるように見えるからです。

確かに、児童虐待や育児放棄（ネグレクト）といった過度に不適切な養育環境において、保護者に不安な気持ちを受け止めてもらうことなく、適切な愛着を形成できなかったことによって生じる「愛着障害」という医学的な診断基準はあります。しかしそのような診断は極めて稀であり、発達障害ほど一般的なものではありません。また愛着にも安定型や不安定型といったタイプはありますが、その判定もきちんとした心理学的な手続きを必要とするものであり、子どもの日常の姿から安易に判断できるようなものではありません。にもかかわらず、たいして赤ちゃんを抱っこしたことがない人に限って、泣きやまない赤ちゃんを見て、「愛着障害だ」「母親の問題だ」などと知ったかぶりをするのです。さらに面倒なのは、この手の人間の思う「おとなしくてよい子のイメージ」に合わないという点で、ここに発達障害児の問題も一緒にされてしまうことです。愛着とは、保護者に対する子どもの「信頼」を意味するものですが、発達障害のような他者との関わりが難しい子どもたちと、そうした信頼関係を築くのは容易ではありません。

「ママがいい」＝「一番に安心させてくれる人がいい」

ボウルビィの愛着理論の肝は、子どもが安心して愛着対象から離れて、様々な探索活動をし、その中で危機を感じた時に安全な場として愛着対象に戻ってくる回帰行動があるということです。その循環する「安心の輪」があり、愛着対象である保護者を中心に世界を広げていく姿があります。

これは、たとえ母親との間に不安定な愛着を示す赤ちゃんでも、父親に対しては安定的なこともあるし、その逆の場合、あるいは両親ともに不安定な場合もあります。少なくともどちらかに安定的であれば、両親ともに不安定な子に比べて、小学生くらいになった時の行動上の問題が少ないことが知られています。日常的に子どもに関わる複数の保護者との間に、できるだけ多くの安心感の輪を作ることが重要です。大事なのは、お母さんやお父さんが一人だけでがんばらないことなのです。

そうは言っても、連日子どもは「ママがいい」と訴えがち。「だからやっぱりママが一番なんじゃない？」となりがちですが、この点について整理したいと思います。

これは「いつも一番に安心させてくれる人じゃなきゃいや」（一次的保護者）という意図であり、「ママ」という性別の問題でも、「実母」という産んだ性の問題でもありません。ただ、こうした父母それぞれを愛着対象とした研究は進んでいるのですが、日本では子どもの最も身近な存在が母親であることがほとんどです。それゆえ愛着対象としての「父母」という性差の問題と、「一番安心できる人（一次的な保護者）」と「二次的な保護者」の問題を明確に区別するのは非常に難しいものです。

とはいえ、事例的に父親が専業主夫で一次的な保護者の家庭では、父が一番の愛着対象になっているケースもあります。やはり、日頃から子どもと関わり、安心させてあげている（安心感の輪を作ってあげる）ことが大事である点は確実だと思います。

エリクソンという心理学者は、乳児が保護者との間でどれくらい「信頼できる」体験をしたか、また「信じられない（不信）」体験をしたかの比が「7：3」「6：4」くらいが乳児の健全な成長にちょうどよいとしています。つまり、完璧にこなそうとしすぎれば「10：0」になりアンバランスなのです。いつも完璧に子どもの要求に応える必要はないということです。これは、「適度に手を抜いた方がいいんだよ」という大事なメッセージになると思っています。

神谷哲司

子どもの人的世界を広げる「コペアレンティング」

父親の育児とイクメンの現実

近年、イクメンなんて言葉も流行り、赤ちゃんに関わったり育休を取ったりする父親が少しずつ増えているように思われます。何より、街中で赤ちゃんを抱っこしているお父さんの姿は20年前に比べれば圧倒的に増えました。頼もしい変化ではあるのですが、個々の実情を聞くとそれほど楽観視もできないようです。

例えば、育児休業の取得が推進される中で、育休を取得することだけが目的となってしまい、育休中に子どもと遊ぶけれどもオムツは替えないとか、オムツは替えるけれども洗濯はしないなどなど、「取るだけ育休」などという言葉も耳にします。

先日聞いたご家庭では、2人目の出産にあわせて夫が数か月の育休を取得したものの、普段から家事や育児をやってこなかったために、料理にしても調味料がどこにあるかもわからない、泣いた子どもをあやしてもなかなか泣きやまず「なんでこんなに泣くんだよ」と文句を言うなど、育休数日で家事も育児もほとんどやらなくなり、妻はまさに怒り心頭に発したというのです。そんなタイミングで産院主催のママ交流会に参加し、夫の愚痴を言ったところ、あるママさんから「それは夫をきちんとしつけないあなたにも問題がある」と言われたそうなのです。「うちの夫も最初は何もできなかったけれど、私が努力して父親に仕立て上げて、今では立派なイクメンになった」と自慢されたのだとか。とんだマウンティングママによる二次被害です。

「コペアレンティング」という枠組み

「コペアレンティング」ということばを聞いたことはあるでしょうか。「共同養育」とも訳され、父母に限らず複数の養育者によって子育てが進められることを言います。例えば、シングルマザーとその親（子どもの祖父母）による共同養育も含みます。

つまり、ワンオペ育児ではないことです。ただ、現代日本では父母の共同養育が一番多いので、ここでは父母のコペアレンティングについてお話しします。また、父母の共同養育というと、子どもが泣いた瞬間に夫婦で目をあわせて、「そろそろオムツかな？」と無言で意思疎通をして、片方が子どもを抱っこしに向かい、もう一方が新しいオムツとおしりふきの準備を始めるといった連携プレーが果たされるような和やかな育児場面（これを調和的コペアレンティングと言います）がイメージされるかもしれませんが、父母間で連携がうまく取れない状態や意見が食い違う場合（例えば、食の細い子どもに完食させるかどうかの食い違いなど）など（これを阻害的コペアレンティングと言います）も広くコペアレンティングの場面に含まれます。

私たちの研究では、この父母間のコペアレンティングの中でも特に、一次的保護者（現状ではほぼ母親）がどのように二次的保護者（現状ではほぼ父親）を巻き込んでいくかに着目しています。調和的なコペアレンティングを形成するのは、先のイクメン養成マウンティングママさんのように一次的保護者が二次的保護者を子育てに巻き込んでいる場合と、二次的保護者が極めて共感的な人で一次的保護者の気持ちを「察する」能力に長けている場合であることがわかっています。

特に、一次的保護者に対して子どもが安定的な愛着を形成している場合には、一次的保護者がうまく二次的保護者を巻き込むと、父母関係（コペアレンティング）、夫婦という二者関係、さらに父子関係（父が二次的保護者の場合）も良好になりやすいようです。

取るだけ育休の夫にイラつく妻の気持ちは理解できます。母乳育児以外の関わりは男性にもできるものですし、小さな子どもと関わる機会のないままに結婚・出産する女性も多い現代では、女性だって母親になって初めてのことばかりで、不安と産後のしんどい身体を抱えながらなんとか子育てをしているのです。そこに、「夫を育てましょう」と言われたって、「いいトシして、そんなのは責任をもって一緒にやってよ！」と思うのは当然です。また私も父親という立場から、お父さんになる方々には赤ちゃんのおもしろさ、2歳児の面倒くささ（笑）などなど、子どもの成長・発達の姿を、パートナーと一緒に楽しんでいただけるといいなぁとは思います。

ただ、それぞれ職場との関係や生活のいろいろで、そうした正論だけではうまくいかない現実も目の当たりにします。真の男女の共同子育てが果たされない現状を見るにつけ、調和的コペアレンティングを行えるようにするためにも、夫婦の子育てを支えるだけの家族外のサポートや社会資源が多く必要なんだよなと思うのです。

神谷哲司

子育ての大きな悩み①
子どもを預けるのは悪いこと？

まだまだ根強い母性神話と3歳児神話

本章では78ページで「母性神話」、すなわち、子育てにおける母親の責任や役割を過剰に強調する信念について触れてきました。繰り返しになりますが、「母性」は女性が生まれながらにして持っている子育てについての適性なのではなく、その人自身が子どもの時から、年少の子どもたちと関わる中で経験的に学び、身につけてきたものです。

つまり、「母性」は親になることによって形作られるものであり、生まれつき備わっているような性質ではないのです。最近では「母性」ではなく、「育児性」と表現されたりもします。また近年の脳科学では、子育てに関わる脳の機能を「親性脳」として研究が進められています。そこでは親性脳が女性だけに備わっているわけではないこと、男女ともに小さい子どもと関わることによって親性脳が育ってくることが明らかになっています。

母性神話に似た言葉で、「3歳児神話」という言葉もあります。3歳児神話というのは、「3歳までという発達の初期は、その後の育ちを支える重要な時期である」ため、だからこそ「母親は子育てに専念すべき」であり、「この時期に母親が働いているなどの理由で子育てに専念しないと子どもの発達によくない」とする考え方です。これも「神話」ですので科学的な根拠はありません。

けれども、現在でも0歳や1歳から保育施設に子どもを預けようとすると、「そんな小さいうちから預けるなんてかわいそう」などと言われることがあります。つい最近も、「昔専業主婦だった実母に言われてへこんでしまった」という話を聞いて、「まだあるのかぁ」と思ってしまいました。そういえば、2013年頃には安倍首相（当時）も「3年間抱っこし放題」とか言ってましたね……なかなか根深いですが、こうしたこの国の母性信奉の根深さにも歴史的な背景がありそうです。

3歳までに保育施設に預けるのはかわいそう？

低年齢児から母親が働き、それに伴って長時間子どもが保育園に預けられることは、子どもの成長・発達にどう影響を及ぼすのでしょう。1歳未満から保育施設を利用していた子どもは、3歳まで保育施設を利用しなかった子どもに比べて、コミュニケーションや、運動機能、問題解決能力、個人社会スキルといった領域で3歳時点での発達がよいことを示している調査もあれば、一方では3歳未満時点で母親が就労している方が、そうでない家庭の子どもよりも小学生低学年時点での学業成績が低いことを示している報告もあります。このように、従来の研究でも、低年齢児からの保育施設利用の影響は定まっていません。ただここからは、0歳時点から母親が働いているかどうか、保育施設に通っているかどうかという状況の違いだけが、子どもの発達に影響を与えるわけではないということが言えます。

先の「小さい子を保育施設に預けるなんてかわいそう」という意見は、「赤ちゃんには母親が一番だ」という信念に基づいて、「母親から離れること」を示す場合と、親元から離れて、保育施設という「家庭ではない場所」で過ごすことを示す場合とに分けられるように思います。この「母親から離れること」については、愛着は日常的に情緒的な交流をしている大人との間に形成されるものですから、保育者との間にも愛着が形成されていれば大きな問題にはなりません。また、「家庭的ではない場所」がかわいそうというのは、他にも子どもがいて保育者の愛情を独り占めできないとか、たくさん子どもがいてかわいそうという意見にもなるかもしれません。だからこそ、質の高い保育施設では、乳児に対して落ち着いた環境で、信頼関係を作るために担当制をとって、家庭的な保育を実践しようとしているのです。それはまさに、「保育の質」の問題であり、家庭でないことが問題なのではありません。

どこであれ、子どもが安定した人間関係の中で安全に、安心して多様な体験をすることができれば、子どもの認知機能や社会性は伸びていくでしょうし、そうした環境に乏しければ伸びづらいという話なのだと思います。私たちはついつい、子どもがどこで過ごしているか、どこに通っているかを気にしてしまいますが、大事なのは「安心できる大人と安定して楽しく過ごせているか」に気を配ることなのです。

神谷哲司

子育ての大きな悩み② 「スマホに子守をさせないで」は本当？

「スマホに子守をさせないで」——そう言われたら、あなたはどう思いますか？　私は正直「またか」と思ってしまいました。今から20年くらい前には「テレビに子守をさせないで」と言われていたからです。

2004年、日本小児科医会が低年齢児の長時間テレビ視聴に警告を発し、子育て界隈では一時期、小さな子にテレビを見せるのは悪いことだという認識が広がりました。ある町では「ノーテレビデー」として、ある曜日だけはテレビをつけないようにしていたそうです。実際、テレビ視聴時間が長いと、1歳児の言葉の発達が遅れているといったデータも示されていました。ただ、ASD児など言葉が遅れやすい子どもたちは光刺激を好む傾向があるという逆方向の説明も成り立つことから、日本小児神経学会が「明確な科学的根拠はない」とツッコんだりもしていました。

この「テレビに子守」の頃から、「スマホに子守」の現代まで、様々なデジタル・メディア（スマホだけでなく、ビデオやDVD、最近ではタブレットなど）を子どもが使用することについて、様々な意見が出されています。実は、研究としては一定の結論が出ているのです。

幼少児がデジタル・メディアを使う時の注意

2016年にアメリカ小児科学会が、次のように提言しています。①1歳半までは、デジタル・メディアの使用は控える②1歳代後半の子どもがデジタル・メディアに触れる時には、質の高いプログラムにして大人が一緒に使用する③2歳から5歳の子どもにも、質の高いプログラムを1日1時間以内とし、大人が一緒に使用する④食事中や就寝前の使用は控える。

ちなみにここでいう質の高いプログラムとしては、日本でもテレビ放送されていたセサミストリートなどが挙げられています。日本で言えば、NHKのEテレの「いないいないばあっ！」などでしょうか。

日本でも、東京大学のグループの研究で0、1歳時点でのテレビやDVD、スマホの使用時間が長い子どもたちは、4歳時点での落ち着きのなさや不安が高いこと、ならびにスマホ使用が長い子どもたちは睡眠習慣も遅寝遅起きになる傾向が明らかになっています（大久保ほか、2023）。また、1、2、3歳時点でのメディア視聴と子どもの発達を検討した国立成育医療研究センターの研究でも、テレビやDVDの視聴時間が長くなると1歳から2歳ではコミュニケーション領域において、2歳から3歳では走る歩くや指先の器用さといった運動領域とスプーンの使用や服の着脱などの生活習領域で発達の遅れが見られています。

デジタル・メディアの何が問題？

このような研究を紹介してしまうと、やはりスマホ育児はよくないのだと思われるでしょう。これは、スマホなどのデジタル・メディアに少しでも触れることが悪いということではなく、長時間の視聴や利用によって、子どもたちが本来味わうべき体験ができないことが問題だということです。

私もたずさわった「テレビと子育て」の研究でも、1歳半の時点でテレビ視聴の時間が長い子どもは、言葉の遅れなどの発達上の気がかりが見られました。しかし同時に、保護者は子育てを楽しいと思えておらず、「子育てにテレビは必要である」と認識していたのです。その背景には、父親の帰宅時間が遅く、母親が一人で子どもの面倒を見ながら、夕食の支度をしている時に子どもにテレビ（それもほとんどがNHKのEテレ）を見せているという現実がありました。つまりは、ワンオペ育児で、テレビを活用しながら子育てをしているのです。そこからテレビという「便利な子育ての道具」を奪ってしまったら、母親はどうすればよいのだろうという問題が生じます。

幼い子どもたちが過剰な時間デジタル・メディアに接することは、望ましいことだとは思いません。ただ、何とか日々の子育てを乗り越えている人たちからデジタル・メディアを取り上げ、今よりもつらい状況に追い込むこともまた違うのだろうと思います。その意味では保護者を一方的に断罪するだけではなく、子どもも親もスマホやテレビに頼らずに、日々の生活を楽しく過ごせるような社会環境を整えていくことが大事なのです。

神谷哲司

しつけと主体性

「褒めて育てる」としつけの問題

インターネットを見ていると、近年「褒めて育てる」「叱らない子育て」が流行しているように見えます。もちろん、基本的には「褒める」ことは大事だと思いますし、「叱らない」というか「怒鳴ったり、脅したり」はしない方がよいでしょう。ただ、こうした言葉だけがひとり歩きしてしまうのは少々気になるところでもあります。特に発達障害や特性の強い子どもを育てておられる方々は、「褒める」も「叱らない」も難しいことを実感されているのではないでしょうか。

褒めるのも叱らないのも、子どもに健やかに育ってほしいとの願いがあるからこそ。ただ同時に、現実の子育てはいつも親の理想を裏切り、いつだって「気になる姿」を見せてきます。多動傾向の強い子どもを持つ、あるお母さんは、「褒めて育てろと言うけれど、まったく親の言うことを聞かない。この子のどこを褒めればいいのかわからない」とおっしゃっていました。お気持ちはよくわかります。

「褒めて育てる」という立場に対し、「しつけないつもりなの？」と疑問を持つ人もいるかもしれません。本来の「褒めて育てる」は、しつけないこととは違うのです。しかし中には、子どもが悪いことをしても叱らない保護者が「ウチは褒めて育てているので」と発言したケースも耳にしています。あらためて、「しつけ」という言葉には、いろいろな意味合いが含まれているのだと思います。

例えば、電車の中など公共の場で騒いでいる子どもに「しつけられていない」と言う人がいるように、「しつけ」にはある行動を「させる」というニュアンス、つまりは「無理強い」や「強制」が含まれているように思います。一方、「褒める」「叱らない」には、その無理強いや強制を排除して、子どもが自分でやろうとしている主体的な姿を大事にしようという意味合いが含まれています。これを間違えると、先の例のように「放任」になってしまいかねません。

子どもが主体的にルールを身につけていく

「大人がルールを守らせる」と「子どもの主体性を尊重する」という2つの立場は、子育てを考える中で昔から対比されてきました。しかし、本来の「しつけ」の意味を考えた時、子どもが主体的にそうしたルールを身につけることができたなら、子どもの思いは尊重され、かつ結果として子どもはルールを守るため、2つの立場は対立しません。そんなことができると思いますか？　もちろん簡単ではありませんが、実は保育施設などではそうした考え方で保育を進めているのです。

保育の現場では、「環境を通して養護及び教育を一体的に行う」という基本的な考え方があります（保育所保育指針第1章総則）。「環境を通して」というのは、子どもが自分からいろいろな人や物に関わっていけるように生活の場を整えるということです。本章80ページの安心の輪を思い出してください。1歳を過ぎて、ハイハイや2本足で歩くようになると、子どもは愛着対象を安全基地としながら、安心感の輪の中でいろいろなものに興味を持つ探索活動を行います。この探索活動で、子どもはあれこれとものを手に取ります。その時子どもの手に届くところに、ナイフやライターなどの危険なものを置いておかない、あるいは子どもが遊びこめるようなおもちゃを置いておく。こういったことが「環境を構成する」になります。

さらに、自分でやりたいけれどうまくできない2歳児が、気持ちを崩してしまった時、保護者がその気持ちを受け止めて、「またがんばろうね」と次の機会へと気持ちを支えていく関わりも、子どもにとっての「人的環境」と言えるでしょう。

あるいは注意が散ってじっとしていられない子どもに対して、子どもの視野に入る掲示物を外して視線の向く先を減らし、先生の目の前に座ることで落ち着いてお話が聞けるようになったというケースも環境構成です。ASD児に対する「構造化」と言われる調整方法で、こうすると視野の中で先生の比率が大きくなり注意を向けられるわけです。こうした環境を通して、様々なことに意欲を持って取り組み、多様な感性を育んでいけるというのが、保育の基本的な考え方です。

「しつけ」も、こうした環境を通した子どもの主体的な学びの中で、保護者が「褒める」ことでよい循環が生まれるのが理想なのだと思います。ええ、あくまでも理想で、私はそんなことできませんでしたけど……(笑)。

神谷哲司

子育ては難しいけれど……

子育てはいつだって、振り返ると寂しかったり後悔したり…

前節の「しつけ」について、環境を通して子どもの主体性を育むという考え方は、保育だけではなく子育ての基本的な考え方にもなり得ると思っています。ただ、家の中を〝子どもの育ちに最適な形〟に整えるというのは現実にはなかなか難しいこと。親には親の都合もありますし、親の「こうしたい」「こうあってほしい」という思いは間断なく湧き上がってくるものだからです。本章でも述べてきたように、親は親としての子育てのイメージや理想を抱くものの、その通りにはいかず、「親視点」と「子ども視点」とを行ったり来たりしながら、自分の感情や子どもへの期待を調整する中で、親としても成長・発達していくものなのでしょう。

0歳から21歳までの子どもを持つ保護者を対象に、親の発達意識を調べた研究があります。親になることで「角が取れて丸くなった」といった人格面での変化や、「家族のことを考えるようになった」という人間関係についての認識は、子どもが大きいほどに高いというわけではなく、幼少の子どもを持つ親でも「親になって変化した」という認識が高いことが明らかになっています（加藤・神谷・黒澤、2015）。

さらにこの研究では、「子どもが大きくなっていくことに、何となく寂しさを感じることがある」といった寂寥感や後悔についても尋ねています。これも、5歳以下の第一子を育てている保護者であっても、そうした意識が高いことが示されていました。

これらの結果からも、保護者というものは日々、自分の理想やイメージと子どもの現実の姿を行ったり来たりしながら、子どもが小さい頃から親としての成長も感じていることがわかります。その一方で、子どもの成長を喜ぶだけでなく、「ああすればよかった」と後悔したり、寂しく思ったりしているのだと思われます。特に発達特性の強い子どもを育ててこられた方は、その受け止めや理解にも時間がかかり、それだけ振り返って思うところも多いのではないでしょうか。

子育て困難な時代だからこそ、子育てを「地域」に開こう

子どもを育てる時には、その子どもに合わせた環境を整えて、子どもの主体性を育んでいくことが理想です。ただ、子育てという営みが父親と母親しかいない（場合によってはどちらかしかいない）家庭だけに押し付けられている現代日本では、圧倒的に子どもに向き合うための時間的な余裕も、空間的なスペースも、心のゆとりもありません。その上日常的に子どもが関わる大人の数も少ないのですから、子どもたちはその少ない大人たちから学ばざるを得ず、それだけ関わる大人にも「責任」が重くのしかかっているように思えます。

ましてや現代では、実際に子どもを持つまでに赤ちゃんを抱っこしたことも、触ったこともない人たちが増えています。見たことも聞いたこともないことをやらなければいけないわけですから、子育てで悩む保護者が多くいるのも仕方のないことです。

さらに、人間社会そのものが様々に整えられ、「個人」が過剰に尊ばれるようになってきているため、人付き合いがどんどん難しい時代にもなっているように感じま

す。公園で子どもが騒いではいけない、電車内で赤ちゃんを泣かせてはいけないなど、子育てをする親や子どもたち自身にも肩身の狭いのが現代日本なのです。そんな社会で、親だけが家の中で子どもたちに向き合って生活している現状では、子育てはしんどいものにしかならないでしょう。多くの親は日々、自分の理想と子どもの現実とのギャップにイラッとしながら、それでも、子どもの育ちを振り返ったり、これからの子育てを工夫したりしています。そして自分自身も親としての成長を感じつつ、時には寂しさや子育ての後悔も感じている。まさに、「完璧な親なんていない」ということでしょう。私自身も子どもの育ちを振り返りながら、寂しさと後悔にさいなまれつつ、親としての未熟さを感じているところです。

ただ、そんな未熟で完璧でない部分こそ、子どもと関わるために必要な「人間味」なのかもしれません。そしてそんな大人たちの「人間味」を子どもたちがあれこれと味わうことができたなら、この国の子どもたちは今よりも元気に育つように思うのです。その意味で、昔のように地域社会の中で、子どもがいろいろな大人たちと関わりながら育っていけるような大きな環境が必要なのです。何より、子育てを家庭の中だけに閉じ込めず、学校や地域社会へと開いていくことが欠かせません。

神谷哲司

見過ごされがちな女性の発達障害

まず注意していただきたいのは、このコラムの趣旨は女性と男性を比較して「どちらがより困っている」という話をするものではないということです。また、ジェンダーの多様性という観点からは、男女の2軸のみで捉えることは不十分です。これらを踏まえて、今回は女性に焦点を当てて話を進めていくことをご了承ください。

発達障害の大きな特徴のひとつに、診断数で言えば男性が女性よりも多いということがあります。それでは、数の少ない女性は発達障害ではあまり困っていないかといえば、実はそうではありません。

発達障害は男性の割合が女性よりも高いことが一貫して示されています。しかしこうした男女差について、近年では大きな変化も見られています。アメリカの大規模調査では、2011年から2022年までの過去10年間におけるASDの診断についいて、「若者の増加率が高い」こととともに「女性が男性より大幅に増加」を示しています。幼少期に見過ごされてきた人が、まさに〝見つかっている〟と言えるのです。同時に、これまで想定されていた以上に発達障害やその傾向がある女性がいて、生きづらさを抱えながらも診断や支援に至っていないと考えられます。

女性の発達障害の特徴と問題点

発達障害と診断される女性が少ないその理由については、脳や遺伝子といった生物学的要因に加えて、発達障害の特徴のあらわれ方や捉え方の男女の違いが影響している可能性があります。発達障害の診断は、行動や考え方の特徴など、外から観察可能な形であらわれたもの（表現型）によってなされます。発達障害の診断基準やチェックリストなどは人数の多い男性例をベースとしているために、男女で表現型が異なる場合には女性は当てはまりにくい可能性があります。

また、女性と男性では発達障害の特徴について、周囲からの捉えられ方も同じではないでしょう。このことは、私たちが一般的に男女の言動に対して異なる価値判断をしていることと通じます。

このように発達障害の女性の過小評価については、単純に人数が少ないだけでなく、見過ごされてきた面があると考えられます。そのため、これまで焦点が当たりにくかった発達障害の女性の理解と支援が求められているのです。

さて、発達障害のある女性は具体的にどのような経験をするのでしょうか。もちろん個人差はありますが、表面的には社会的スキルを身につけ、一見問題がないように見えることも少なくありません。しかし特に思春期以降、女性同士の複雑な対人関係に難しさを経験します。そのような社会的状況での困難に際して、周りに合わせたり、キャラクターを演じたり、あるいは自分の本当の姿を隠したりすることで、何とか適応を保っていることが当事者の手記や様々な研究で明らかになってきました。

このような〝カモフラージュ〟は心身への負担が非常に大きく、家に帰った途端にストレスでパニックになったり、ぐったりと倒れこんでしまう女性も多いのです。しかしながら、結果的に「おとなしい」「問題のない」「適応できている」ように見える女性は、周囲に障害を理解されにくいと考えられます。〝カモフラージュ〟の背景として、発達障害に関する偏見に加えて、女性らしさや社会的役割への期待やプレッシャーがあると考えられています。すなわち、発達障害という個人的な特徴は、社会環境要因との相互作用の中で生きづらさとして経験されているのです。

最後に支援について述べます。発達障害の女性については、女性としての発達段階やライフイベント（結婚、出産、子育てなど）において遭遇しうる困難に対する支援が求められます。その際、対人コミュニケーションや心理的な面だけではなく、「からだ」へのアプローチも併せて必要です。ホルモンバランスの波、感覚の特異性、気持ちやからだの状態の気付きにくさ、そして体調不良など、女性の経験には「からだ」が深く関わっています。例えば思春期であれば、安定的な生活リズム（食事や睡眠など）、からだの変化や月経への対応、衛生管理など。基本的なようですが、健やかなからだづくりのための細やかなサポートが重要です。さらに周囲の人には、自らの性別や適応に関する価値観――「女性はこうあるべき」――に基づく介入が、結果的に女性の過度な適応を助長することになっていないか、という反省が求められています。

発達障害の女性がありのままの自分を大切にできること、そしてそれが認められることが望まれます。

砂川芽吹

Column 3

「覚えること」の困りは鍛えられる？

何かを覚えることに苦手さがあると、「ワーキング・メモリーが弱い」と指摘されることがあります。私たちは、何かを見たり聞いたりした時に、その情報を覚えておこうとしたり、忘れてよいと判断することがあります。ワーキング・メモリーの働きとはすなわち、何か情報を受け取った際に、すでに覚えていることと関連させながら、その情報を覚えておく、あるいは上書きするなど、情報の操作をする心の働きです。

ワーキング・メモリーが弱いと言っても、困りとしての表れ方は様々です。よくある困りに、見たり聞いたりして覚えておける情報量が少ないということがあります。その場合、いくつかの作業をやらないといけないとして、それらを覚えるのが難しく作業に抜けが出たり、途中で何をすればいいかあやふやになってしまう、という困りが出てきます。他に、情報の操作が難しい人もいます。例えばアクシデントによる急な作業の変更があった時、古い情報（元の作業の流れ）を忘れて新しい情報（変更後の作業の流れ）を覚えるのが難しく、混乱してしまいます。

発達障害の人たちには、ワーキング・メモリーに何か特徴があるのでしょうか。全体として見た場合、自閉症スペクトラム、注意欠如多動症、限局性学習症など様々な発達障害でワーキング・メモリーに弱さが出やすいことがわかっています。

ワーキング・メモリーには側頭葉や頭頂葉、前頭葉といった多様な脳の領域が関わります。これらの領域は、発達障害のそれぞれの脳の働き方に起因して、彼らにとってうまく使うのが難しくなりやすいのです。そのため、発達障害のある方はワーキング・メモリーにも困りが出やすいのです。

ワーキング・メモリーは鍛えられるか

ワーキング・メモリーは訓練できるものなのでしょうか。また訓練によって、何かを覚えたり、学習することの苦手さが減るものなのでしょうか。一般に、脳は様々な経験を積むことで少しずつ変化していきます。筋トレをして少しずつ筋肉をつけていくように、記憶の訓練を積むことで、関係する脳基盤や心の働き（例えば言語や推論）を刺激し、ワーキング・メモリーのパフォーマンスを高めようとすることがあります。ワーキング・メモリーに限らず、注意や情報処理スピードなど様々な心の働きがトレーニングの対象であり、もう少し広い意味で「認知トレーニング」という言葉が使われることもあります。

発達障害児者を対象にしたワーキング・メモリーを含む認知トレーニングはメリットがあるのでしょうか。研究が蓄積されているのは、注意欠如多動症についてです。そして、訓練のための課題はうまくなるものの、それにより日常の問題（例えば問題が出やすい学力など）が改善するとは言えないことがわかっています（Rapport ら 2013；Cortese ら 2015）。残念ながら自閉症スペクトラムや、限局性学習症では何か結論を出せるほど研究が蓄積されていません。効果には個人差があるようなので、認知トレーニングが合っているという方もいるとは思います。ですが、すべての発達障害児者に勧められる、とは断言できないのが現状だと思います。

松﨑 泰

第3章

学校で大きく育つ子どもたち

小学校や中学校で、発達障害のある子たちがどう過ごしていくか。

就学前の学校・学級選びに始まり、日々の学習や困難の乗り越え方など、特別支援教育にたずさわる現場の視点からお伝えします。

学校の先生とのコミュニケーションで困ったら

「学校とのコミュニケーション」の基本スタンスは、「情報提供」と「対話」です。またゴールは常に「わが子が学校や教室や教師に不安を感じずにいられること、そしてその環境を整えること」です。これは発達障害の有無にかかわらず、すべての子どもにとって大切な視点です。

勝ち負けや戦いにならないようにするには

情報提供とは、「わが子の実態や特性」＋「支援の必要性」を具体的に丁寧に伝えることを言います。例えば「うちの子は、○○な場面でいきなり否定語を伝えると納得がいかずに暴れてしまうことがある。▲▲な関わりをすると落ち着く」などです。

対話とは、お互いの考え方や捉え方の違いを理解し合いながら、話し合いを通して少しずつ溝を埋めていくことを言います。要望を伝える場合は「私はこう思うが、どうだろうか」とお互いに歩み寄りながら協議・交渉を続ける方がうまくいきます。

学校から「難しい」「できない」と言われた場合はどうすればよいでしょうか。現行のシステムでは、現状に追い付いていないこと、すぐに対応できないことが多々あります。前例のない「ファーストケース」の場合は、未開の地を行くような努力を強いられることがあるかもしれません。それでも、これまでに作られた制度や支援の多くは、過去の子どもたちの苦労や保護者の努力のおかげで切り拓かれていった歴史があります。「わが子だけのため」ではなく、「次の世代の子どもたちのため」にも必要な支援を訴え続けていくという気持ちが必要になるとも言えます。

学校とのコミュニケーションは簡単にいかないこともあります。何度も学校に行ったり、対話がうまくいかなかったり。もしそうなっても、ご自身を責める必要はありません。その一方で、理解がない相手をただ責めるだけでは事態はなかなか好転しないということも、心に留めておく必要があります。想定していることのすべてを実現させようとするのではなく、「優先順位の高い項目から進める」「取り入れやすいことから始める」といった方向性も一つの「落としどころ」だと考えるようにしてみてください。大切にしたいのは「わが子にとっての困りごとの解消」であり、決して戦いや勝ち負けではないことを保護者・学校の双方がともに理解する必要があります。

怒りや苛立ちをそのままぶつけても好転しない

学校という場は、保護者にとっていわば「わが子を人質にとられている」場であるという認識があるかもしれません。そのため、言いたいことをグッと我慢してしまう方がいます。しかし、それでは子どもにとって必要な支援が先送りされたり、場合によっては「困っていない」「必要ない」と判断されたりすることすらありえます。問題が大きくなる前に懸念や不安を伝えることは悪いことではありません。「一緒に問題解決を目指す仲間を作る」という気持ちで相談してみてください。

その一方で、必死の覚悟で伝えたお願いを検討しようともせずに「できません」と無下に断られ、学校に対して強い怒りや不満を感じる場合もあると思います。残念ながら、特別支援教育への理解は今も浸透していない現実があります。ただ、そんな相手にケンカ腰になれば、相手もかえって頑なになり、心を開いてくれず緊張状態に陥ります。憤りや苛立ちの感情をぶつけても、あまり状況はよくはならないでしょう。

その教師が「コミュニケーションに値する人間ではない」と感じた時には、迷わずに第三者の介入や外部機関の力を借りるようにしてください。

第三者とは、校内の関係者で言えば、学年主任、養護教諭、特別支援教育コーディネーター（各校一人以上が教師の中から選任されています）、管理職、スクールカウンセラー、スクールソーシャルワーカーなどが該当します。

外部機関とは、教育委員会、行政の子育て支援担当、特別支援学校の地域支援事業（センター的機能）、相談支援事業所（学校や放課後等デイサービス等との橋渡し的役割）、医療機関などが該当します。

ケースバイケースですが、上記のメンバーを含めた「支援者会議」を実施することで、学校や教師の態度が変容していくこともあります。子どもを中心に、それぞれの立場でできることを持ち寄りながら、学校でできることも確認していくという場があると、いざという時の安心感につながります。

川上康則

もしも学校でいじめにあったら——小学校の場合

時には発達障害が起因となって、クラスの中で人間関係の問題が起こることもあります。例えば、本人がルールから逸脱していることに気付かず、そのことへの指摘や非難が強くなってしまうことも。また感覚過敏といった特有の症状が原因で、自分が不利になった時にクラスメイトを叩いてしまったり。このようなことが相手に誤解を与え、いじめにつながるケースもないとは言い切れません。

「ともに過ごす場だからこそ摩擦は起きうる」と考える

わが子が実際にいじめの被害を受ければ、当然相手の子どもに対して強い怒りを感じるものです。わが子がおとなしい性格で、相手が攻撃的・暴力的であればなおさら「うちの子が一方的にやられた」という気持ちにもなるでしょう。

しかし学校という場は、発達途上の子どもたちが集まる場です。特に幼児期や小学校は、「人とどのような関わり方をしていけばよいのか」を模索する年代の子どもたちが、集団生活の中で実際の体験を通して学び、時には失敗を繰り返しながらその「加減」をコントロールしていく場です。まずはその事情を踏まえる必要があります。

対人的なトラブルについては、摩擦は起きうるという考え方に立ち、成長によって人間関係が広がれば問題も起きやすくなるという現実への理解が不可欠です。そうでなければ、「あの子とは一切関わらせないように」と学校に無理な要求を突きつけたり、相手の家に押しかけるような強硬的な姿勢になりかねません。

「悠長なことを言っていられない」という気持ちもよくわかります。しかし、子どもの世界のことは、子どもと学校関係者が冷静に一つずつ解決していくしかありません。親心で相手を非難・否定し続けていては、かえってわが子が登校への不安を強めてしまう危険性があります。保護者としては、（表面的には）落ち着いた状態を示しつつ、わが子の気持ちを十分に聞き取った上で「あなたの味方である」という姿勢を保つ。

そして適宜、学校とコミュニケーションを取りながら推移を見守るようにします。

「いじめの被害者―加害者」という単純化した構図は危険

いじめは「被害者」「加害者」という構図で捉えられがちです。しかし、この考え方はとても危険です。どんな人にも真面目な部分とふざけた部分があり、弱々しく見える子にも勇気があり、威張っている子にも反省の気持ちがある。親・友達・先生に見せる顔はそれぞれ違うのが自然であり、それが人です。そんな複雑さを理解しながら、どの感情も大切にされている実感がなければ、人は変われません。

真のいじめの解決は「自分の感情が他者から大切にされる」ということだと思います。大人が騒いで、「ごめんなさい」「いいよ」と手打ちの儀式をしたところで、子どもたちは納得しないでしょう。いじめは、個人的要因よりも環境要因（先生の指導・クラスの雰囲気・ルールの厳しさによるストレス等）の影響の方が大きいのです。

ただし、加害の内容が金銭の要求や、万引き等の犯罪の強要などの場合は、警察などの専門機関の介入を検討する事案であることも押さえておく必要があります。

川上康則

もしいじめに巻き込まれたら
——中学校の場合

SOSを聞いてくれる人が身近にいることが鍵

ここでは私が勤務する、中学校でのケースをメインにお話しします。

最近のいじめは、とても気付かれにくくなっています。大人の目の届かないところで、わからないように進行していくのです。大人がいる場所では行われず、いなくなると嫌がらせが始まるので現場を押さえることがとても難しい。また、携帯電話の普及もいじめに拍車をかけています。特に中学校になるとSNSのトラブルが複雑になり、いじめの温床になっていることも多々あります。

毎月いじめアンケートを実施していますが、教室内でアンケートに記入することとなど到底できません。それは、加害者と被害者が一緒にいる空間だからです。いじめアンケートに書くと先生に呼ばれ、書いたことが周囲にばれてしまうリスクがある。報復を恐れ、書くことを躊躇する子もいます。また、いじめアンケートを書いても問題は解決しないと思っている子も多く、そのような子どもたちは黙って耐えてやり過ごすしかないと考えているようです。身近な大人に話して解決した、良かったという経験がなければ、子どもは相談することはありません。まず、「この人なら話してみようかな」と思える人がいるということが大切です。

チームでいじめに立ち向かう

子どもが被害を訴えてきたら、速やかに状況を聞き出さなくてはなりません。いじめ対策支援シートを作成し（いつ、どこで、誰が、何を、どうした、いじめの具体的な内容、支援者のピックアップ等）、全体像がわかるようにしておきます。状況の説明が苦手な生徒たちから正しい状況を説明してもらうために、イラストを使うこともあります。

同時進行で、「いじめに立ち向かうワークブック」にも取り組みます。できるだけ早い段階で「いじめられているあなたは悪くない」というメッセージを伝えなければなりません。そして支援チームを立ち上げます。ワークを完成させる過程でいじめに立ち向かう勇気を育てていきます。いじめ指導の際、被害者の特性から派生する言動や行動を直させようとすることがありますが、これを「ターゲットコーチング」と言い、「いじめられた自分が悪い」と被害者の自尊心を傷つけてる可能性があります。

日頃からいじめに対してアンテナを高くしておく必要があります。子どもには「気のせいかもしれないけれど、とりあえず報告はしておく」という練習を積み重ねさせます。「いじめかもしれない報告書」を作成し、信頼できる大人に報告書を提出するというものです。いじめの初期段階で大人が介入できると、解決につながる確率が高くなります。いじめに気付くことや正しく状況を理解することは難しく、周囲の大人の適切な支援が必要なのです。

そして、どこまでがいじめで、どこまでがふざけなのか。その境界線は曖昧です。加害者は、必ずと言っていいほど「いじめているつもりはなかった」と言います。そうならないためにも、学級全体に「いじめの定義」を教えておく必要があります。教える時期は年度当初が効果的です。

三富貴子

学校で起きうる困りごとへの対処法

わが子が元気に学校に通う姿に安心する一方で、落ち込んで帰ってきたり、朝「学校に行くの、イヤだなぁ」とつぶやかれたりすると、いじめや仲間外れに遭ってはいないか、先生との関係はうまくいっているのか、学習面で困ってはいないかと心配になりますよね。そして次に、「こんなことで悩むのは心配しすぎなのではないか」「過保護なのではないか」と、自分の育て方・接し方への不安が襲います。

心配ごと・困ったことへの対応　4つのポイント

まず保護者の皆さんにお伝えしたいのは、何百人もの子どもたちが同じ空間をともにする学校では、同じ事象でも保護者と見え方が異なる場合が多いということです。例えば「わが子がクラスでからかわれたり、イヤなあだ名で呼ばれたりしている。子どもを安心して通わせられない」と感じられるような事案があったとします。「今後のことを考えてほしい」という相談であれば、担任も管理職もきっと「緊急対応として席替えをする」とか「担任が注意深く見守り、行き過ぎた場合は制止する」など明日から実行可能な手段を具体的に提案することができると思います。

しかし、「事実関係をまとめた経過報告書の作成」や「二度と近づかせないような誓約書の作成」を要望されると状況は一変します。客観的にすべての物事を把握するのは、監視カメラでもなければ難しい。また、偶発的に加害側と近づいてしまうことはありえます。学校としてできないことを書面に残すというのは、やはり無理な話です。「書面が出てくるまで、子どもは通わせない」となってしまうと、大人側の感情論の方が優先で、子どもの気持ちは二の次になってしまいます。

そこで、何か学校で心配なことがある時や困ったことが起きた時には、学校・保護者双方の立場を踏まえて、以下の4つのポイントを提案したいと思います。

①保護者が認識している事実を明確にすること／学校もそれを誠実に受け止めること

②「子どもがどうしたいと言っているか」を一番に大切にすること
③保護者は要望ではなく、合理的な内容を提案し交渉すること
④学校は受け入れられる範囲、実行できる範囲を伝えたり、時にはそれを広げたりしながら、円滑な問題解決を図ること

個別的な事案については他にも必要なことが出てくると想定されますが、これらのポイントを踏まえてお互いに関わることで、少なくとも「学校や教師が不誠実」と保護者が感じるような展開にはならないと考えます。

学校は、保護者の気持ちの「拠り所」になれているか

次に、学校の先生方に伝えたいことです。「学校に通うこと」は決して当たり前ではなく、どんな保護者も少なからず不安な気持ちを抱きながら、わが子を学校に通わせているという理解が必要です。何らかの訴えがあれば、「言うべきか、言わないべきかを何度も逡巡しつつ、それでも『やっぱり伝えよう』と心に決めた上でこの場に来てくださっているのだ」とわかってほしい。そしてその気持ちに寄り添う姿勢を示

すことが大切です。

昨今の社会情勢の厳しさの中で、子どもを育てることはたくさんの苦労を伴います。忙しい中でも子どもを心配しているということにリスペクト（敬意）を示し、誠実に困りごとに向き合うことが信頼関係構築の第一歩です。昨今、教師の働き方改革のあおりから、保護者の訴えに対して機械的な対応を示す事案が出てきています。もちろん、1回の電話に数時間かかったり、面談が夜遅くまで続いたりすればそれは食い止める必要があるでしょう。ただ、真剣な訴えなのに「対応が不誠実」と感じさせてしまえば、かえって火に油を注ぎ、納得してもらえるまで相当な時間がかかってしまうこともありえます。誠実に、丁寧に、一緒に考える姿勢を保つことは、保護者の心配ごとをいくらかでも和らげる効果があると思います。

「援助希求」を学ぶチャンスにも！

ところで、学校に限らず「困りごと」や「心配ごと」が起きることは、子どもの成長にとって好ましくないことなのでしょうか。

大人が介入すべき事案も当然ありますが、困りごとや心配ごとに直面した時、子どもも自身が問題を解決しようと誰かに助けを求める「援助希求」をするチャンスでもあるのです。援助希求は、障害の有無を問わずどんな子どもにとっても生きていくうえで大切な行動です。左の図は、援助希求した場合と、しなかった場合の行動の選択について子どもたちにもわかりやすく示したものです。

子どもたちは、学校を卒業してからも困難や心理的な壁に直面することがあるはずです。その時に、困っていることを恥ずかしく思わずに、ためらわずに誰かに援助を求めてほしいのです。人を頼ることは、決して弱いことではありません。むしろこれから先の世の中は、人が一人で解決できることはそれほど多くはなく、多様な考え方の他者と協働しながら課題を乗り越えていく時代です。

「できない」「やりたくない」は悪くない

その一方で、人に援助を求めることは「できない自分を曝け出すこと」でもあります。つまり、生きていく上で必要でありつつも、それを発揮することによるリスクが

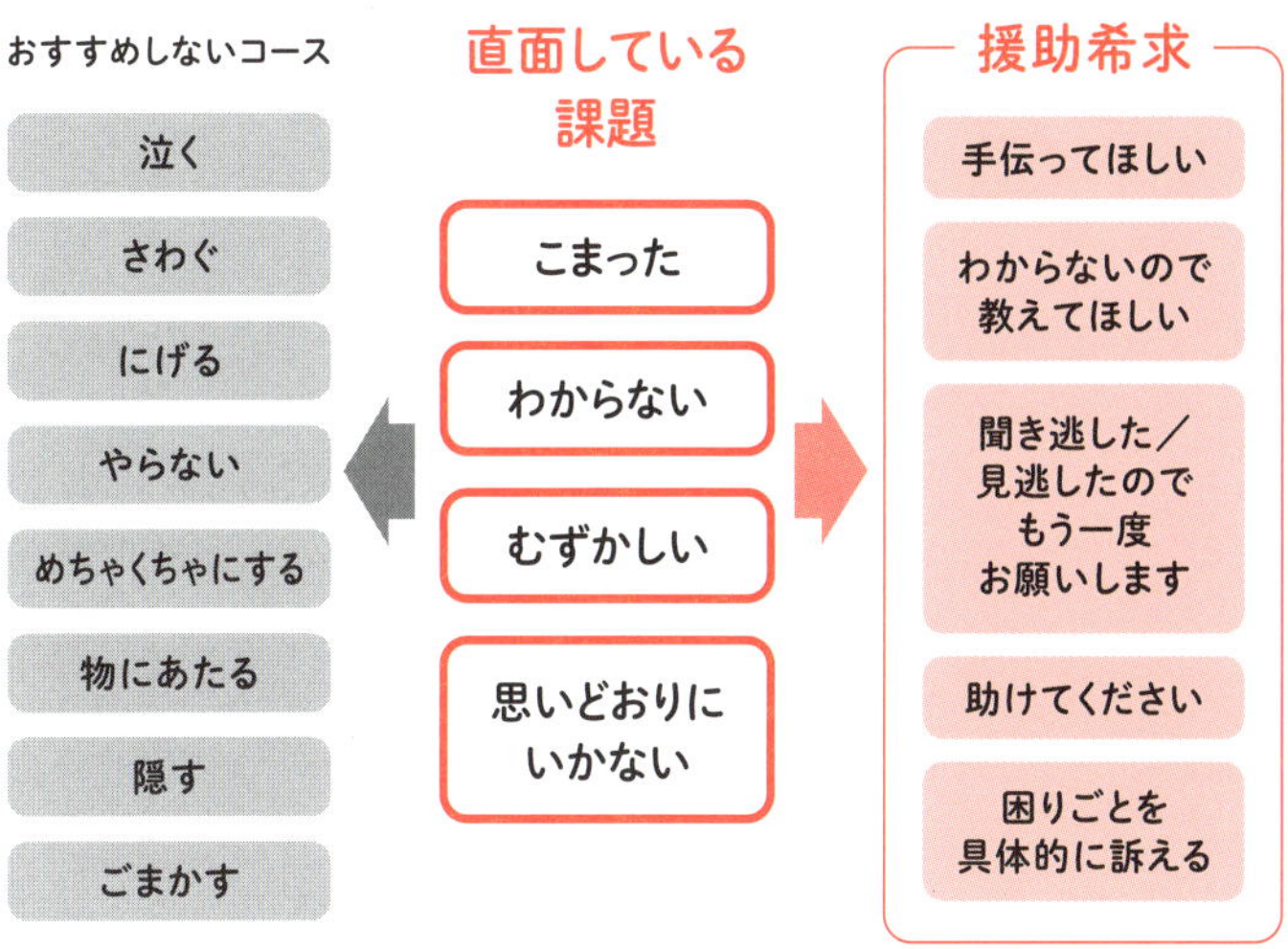

伴うのです。「どうしてこんなこともわからないんだ」とバカにされるのではないか、「なぜ、教えたとおりにできないんだ」と叱られるのではないか、「何度も説明したはずだ」と呆れられるのではないかというリスクがそれに該当します。そのため、人によっては、「助けて」と言うために自分の弱さやもろさ、つらさを認めなければならないというステップが必要になることもあります。だからこそ、学校や教室が安心して「わからない」「難しい」「自信がない」「できない」「やりたくない」と言えるような空間になっていなければいけないと思っています。

学校関係者の中には、「わからない」や

「難しい」は言ってもいいけれども、「できない」「やりたくない」まで認めてしまうと甘えやわがままを助長してしまうのではないかと懸念を示す人が少なからずいます。しかし、決してそんなことはありません。これは筆者が、実際に子どもたちの「できない」や「やりたくない」を一旦受け止めるようになってから理解できたことなのですが、「できない」や「やりたくない」を認めてもらえたという安心感が土台となって、次第に「見てるだけでもいいですか」や「少しだけやってみる」と言えるようになり、やがて「できるかも」や「できそう」という気持ちが高まることが見えてきたのです。もしも「やりたくないのは、あなたのわがままだ。甘えは許さない」という姿勢で教師が関わっていたとしたら、その子たちにとっては、もはや「授業に出ない」「教室に入らない」「学校に行かない」という選択肢しか残されなくなってしまいます。学校の「やるしかない一択」という状況は、不安や心配が強い子どもには苦痛しかもたらしません。

学校で起きうる困りごとというのは、決して特定の子だけが直面する問題ではなく、すべての子どもが多かれ少なかれ抱えていることです。ただ、なんとかやり過ごせているか、避けられず直面したかだけの差だと感じています。

子どもを守るための個別の支援計画と合理的配慮

学校が中心となって、本人・保護者も一緒に

2003年度から実施されている障害者基本計画で、「個別の支援計画」を作成することが示されました。対象は、保育園、幼稚園、子ども園、小中学校に加え高校・大学、労働や福祉機関にまで及びます。計画が作成されるのは、特別支援学校に通学する子ども全員と、小中学校の特別支援学級、通級指導に通う児童生徒などです。

これは、教育、医療、福祉、労働等の関係機関が連携・協力を図り、障害のある児童生徒たちの生涯にわたる継続的な支援体制を整え、各年代において望ましい成長を促すためのものです。意外と知られていないことですが、この「個別の支援計画」

は、就学前、学齢期、卒業後に作成されるものであり、在学中は学校が中心となって「個別の教育支援計画」を作成することになっています。

「学校が中心となって」というのは、他の機関も連携・協力しながら支援内容の充実を図ることを意図しています。個別の教育支援計画では、それぞれの機関の役割を明確にするとともに、それぞれがバラバラに支援するのではなく、相互に共通理解しながら支援を適切に進めていくことになっています。機関の中には「家庭」も位置付けられており、作成にあたっては事前に保護者の同意を得る必要があります。相談なしに作られることはありません。

2017年告示の学習指導要領により、特別支援学校だけでなく、特別支援学級や通級による指導の対象である児童生徒についても、上述した「個別の教育支援計画」とそれに基づく「個別の指導計画」を作成し活用することになりました。このことは、小学校だけでなく、中学校や高等学校の学習指導要領に規定されています。

「個別の指導計画」は、個々の児童生徒の実態に応じて、適切な指導が行われることを目的として学校で作成されるものです。ここには、一人ひとりの指導目標をはじめ、指導内容や指導の手立てなどが記載されます。指導の手立てには具体的に「○○

の活用を促す」などといった形で、支援ツールの名称を記載することも可能です。

さらに、2016年4月1日、障害を理由とする差別解消の促進に関する法律（障害者差別解消法）が施行され、「障害を理由とする不当な差別的取り扱いの禁止」と「合理的配慮」の法的な枠組みが定められました。これにより、例えば「前例がないから障害がある場合はプールに入れない」ではなく、「どうすればその子が安全にプールを利用できるかを考える」ことが必須になります。管理者側の都合で「しない」「できない」と言うこと自体が差別にあたると示されたのです。差別の概念が変わった、とも言えるでしょう。そして合理的配慮の提供におけるポイントの一つには、本人および保護者からの申し出が挙げられます。

これらのことを踏まえて言えることは、「個別の教育支援計画」や「個別の指導計画」の作成に際して本人・保護者が積極的に意見を述べて一緒に作り上げていくことで、書面の中に合理的配慮を明確に位置付けることができるということです。

特に、子ども自身がそこに加わるという視点はとても重要で、将来を見据えて、自分が「どのように学ぶと効果的か」を知ったり、「なんのために」合理的配慮を申請するのかを明確にしていくのに役立てられます。

川上康則

通級指導教室ってどんな場所？

子どもたちが安心して学ぶことができる「学びの保健室」

通級指導教室とは、通常の教科とは違い、児童生徒の特性に応じて学習上・生活上での困りごとを改善・克服するための特別な指導を受けられる場です。障害の状態の改善・克服を目指す指導（自立活動）と、各教科の補充をする指導を合わせて、週に1〜8単位時間を行うのが標準です。障害の状態に応じて行われ、LD、ADHDは月1単位時間から通級で指導を受けることが可能になっています。これは平成5年度に小中学校、平成30年度に高等学校で制度化されました。

指導の形態は3つ。在籍校に通級指導教室を設置する「自校通級」、自校にはないため設置のある他校に出向く「他校通級」、通級指導担当教師が他校に出向いて指導する「巡回指導」があります。

子どもにも保護者にも負担が少ないのは、やはり「自校通級」。保護者の送迎の必要がなく、本人が校内を移動するだけで指導が受けられます。また、校内に通級指導教室があることで担任の先生との連携もスムーズになり、支援体制が整えやすいという利点もあります。しかし、今の段階では、すべての学校に通級指導教室を設置することは非常に難しい状況です。通級指導教室を必要とする児童生徒の人数は右肩上がりで増え続けているので、子どもと保護者の負担軽減のために「巡回指導」が盛んになってきています。最終的にはすべての学校に通級指導教室が設置され、多くの子どもたちが安心して学ぶことができる「学びの保健室」として通級指導教室が力を発揮する必要があると思っています。

では、具体的に通級指導室とはどのような場所なのでしょうか。それは「自分の特性に合った学習方法を見つけ、実践し、自信を回復する場所」と考えています。日本の学校は一斉指導が主流であり、黒板の前に立った教師による「チョーク&トーク」で授業が展開されます。読み書きができるという前提で授業が設計されているので、多様な学びをする子どもたちはあっと言う間に落ちこぼれ、自信を失っていきます。

中学校通級の子どもたちに「いつ学習することを諦めたか」と聞くと、ほとんどが「小学2年生」と答えます。漢字が複雑になってきたとたん書けなくなるのです。低学年までに特性を知り、その子に合った学習方法を身につけていれば、学ぶことをあきらめなくて済むケースも多いのではないかと感じます。だからこそ、少しでも不安があればできる限り早く通級につなげてほしいのです。

日本の学校は「書く」に重きをおく傾向があります。「書けなければ将来困るから」と言われるのですが、子どもたちは今書けなくて困っているのです。教える側がその子の「今」を見ることなく、できないことばかりを指摘し続けていれば、文字を書くどころか教科書やノートを机に出すことすら拒むようになってしまいます。

通級は自分らしく学ぶためにある

通級では、「なぜできないのか」を丁寧に把握し、「どうやったらできるか」を本人と一緒に考えます。子どもに寄り添い、支え、見届け、自信を回復させていきます。

これまでにとらわれず、その子のできる方法を編み出していきます。通級でできるようになったら、通常の学級でもできるよう環境を整えます。

担任の先生や通常の学級の子どもたちへの理解啓発も必要です。通級の子どもたちは、多くの時間を通常の学級で過ごすのですから。ただ、通常の学級に合わせるスキルを身につけさせるために通級指導教室があるのではないということは胸に刻んでほしいのです。大事なのは、学校でその子らしくいられるということ。その子に合った学び方を見つけ、多様な学びが通常の学級の中で認められ、本来の力を発揮するための環境調整をすることが、通級指導教室の重要な役割なのです。

平成18年度から学習障害（LD）、注意欠陥多動性障害（ADHD）の子どもも通級指導教室の対象になりました。「通級では勉強は教えられない」と断ることがあるそうですが、平成29年の学習指導要領で「特に必要がある時は、障害の状態に応じて各教科の内容を取り入れながら行うことができる」と改正されています。ソーシャルスキルも大切ですが、自分らしく学ぶこと、学び方を教わることも同じように大切です。特に中学生になると、学習面の困難を訴える生徒が激増します。どの子も安心して学べる環境を作る場所、それが通級指導教室です。

三富貴子

在籍学級と通級指導教室との連携

居心地のよい学級作りからスタート

〝先進国〟とされる国の中で、1クラスの人数が圧倒的に多い日本。そんな中、日々起こるトラブルのすべてを担任が把握することは不可能に近く、様々な人たちによる多角的な視点がよりよい指導につながっていきます。

あくまで一例ですが、公立中学校におけるいくつかの連携パターンをご紹介します。

通級指導教室（以下通級）の生徒たちは、大部分を通常の学級で過ごします。通級でエネルギーをチャージして、通常の学級に送り出す形です。送り出す先の教室に安心安全な環境がなければ、通級での学習は意味をなさなくなってしまいます。まずは学級担任による安定した学級経営が根底にあり、どの子にとっても居心地のよい生活空間づくりが優先されます。

年度はじめは通級の担任が通常の学級の担任とともに通常の学級の教室に行き、机やロッカーの整頓の仕方、提出物の出し方まで細かく検討していきます。通級の細かなノウハウが役立つ時でもあります。その結果を、個別の指導計画に「誰が、何を、どこまで支援するか」を決めて記します。決める際に大切なのは、子どもの思いです。保護者にもニーズを聞いて情報共有しますが、「本人と保護者の思いは違う」という前提で子どもの話を聞くことが重要です。

子どもの意見を基に「学びのカルテ」を作成する

子どもたちの教育的ニーズは、通級の授業の中で「学びのカルテ」に記入します。各教科で支援してほしいこと、学校生活のこと、部活のことなど、項目ごとに検討していきます。子どもたちが一番気にするのは、座席の要望。授業で話し合い活動が多く取り入れられている最近では特に、話し合いができるかできないかがメンバーによって変わってくるのです。席によっては居心地が悪く、学習に取り組めなくなることもあります。通常の学級での生活を整えるためにも、本人のニーズを聞いて漏れなく担任に伝えることがとても大切です。

学級担任や教科担任一人では対応が難しい場面もあります。大きな学校行事、例えば体育祭や音楽会などです。そのような時は、本人の希望により通級担当がクラスに入り込むこともあります。体育祭などでは競技ごとに練習時間が異なり、必ずしも担任が対応できるとは限りません。どの時間に何をどのように支援するか、担任と打ち合わせをします。音楽会では音楽の授業に通級担当が入り、パート練習を支援します。合唱曲の音取りが難しいような時は、通級で練習することもあります。

学級担任と通級担当の協働を目指す

集団での一斉指導と個別の指導。互いの指導形態のよさを生かして助け合い、協力していくことは簡単ではありません。試行錯誤の途中で『インクルージョン 普通学級の特別支援教育マニュアル』（同成社）という本を見つけました。限られた環境で、いかに最大の効果を上げるか。教職員が協力して動けるチームの特色として以下の5つが挙げられていました。

・柔軟性　・プロ意識　・協働の意欲　・お互いへの敬意　・ユーモアのセンス

これが異文化を理解する上で、とても大切なキーワードでした。

現在、学校現場は慢性的な人手不足であり、指導環境が十分であるとは言い難い状況があります。その限られた環境の中で、最大の効果を上げることを目指す時に、真っ先に考えるのは全職員が「協働する」ということです。学校組織をスムーズに動かし、全職員の力を発揮できるようにする。それには管理職の理解とリーダーシップが不可欠です。経験上、特別支援学級や通級指導教室を大切にしてくださった管理職の先生の学校経営は、常に校内の安心・安全が保たれており、事件、事故の発生も少なく、不登校の生徒数も減少傾向にありました。

教員間の連携がうまくいくかどうかは管理職の学校経営にかなり影響されると思っています。校内の支援体制がしっかり構築されている学校は、先生方の連携が比較的うまくいっているはずです。一部分の連携にとどまらず、組織として機能しているかどうかを確認してみてください。

三富貴子

学習に困難を抱える子のためのアイデア

保護者からいただく、「中学校生活で苦戦しそうなこと」についての相談が多いものをピックアップしました。「～ができない」は、視点を変えれば「できるようになるためのヒント」。一人ひとりの子どもに合わせて、支援方法を検討する必要があります。

視点を変える「できるためのヒント」

【授業準備ができたよ！】

教科書、ノート、資料集などなど、物の管理や整理整頓が苦手な子たちにとっては授業に必要なものを揃えるのも一苦労です。通級では、新入生に対して入学後すぐ実態を把握し、やり方を検討しています。

ここでのキーワードは「すべてをひとまとまりにしておく」ということです。やりやすい方法なら何でもいいのですが、おすすめは「髪用の太めのカラーゴムですべてをまとめる」こと。チャック付きのビニール袋やプラスチックのケースに入れる方法もありますが、「何かに入れる」という工程は、子どもからすると面倒らしくなかなか定着しません。不器用なお子さんにはハードルが高いような気もします。また、整理のためのアイテムを失くしてしまう可能性が非常に高いです。カラーゴムなら安価で失くしても痛手にはなりません。特性に合わせてカスタマイズしてみてください。

【自分に合った学び方を見つけたよ！】

書くことが苦手な子にとって、先生の話を聴きながらノートを書くのは至難の業。書くことに必死で、大切な話を聴けません。書くスピードが遅ければ、書くのも途中で終わってしまいます。そもそも、いったい何のためにノートをとるのでしょう。それは「学習内容を理解する」「記憶を補助する」ための手段のはずです。「書く」はあくまで手段。そこを強制せず、「その子にできる方法を見つけること」です。

今では、一人一台タブレット端末が配付されています。入力の仕方もローマ字入力、ひらがな入力、フリック入力と得意な方法を選んでノートテイクができるようになってきています。子どもによっては、まったくノートをとらなくても聴いているだけで学習内容を理解してしまう子もいます。一律同じ学習方法を押し付けるのではなく、最新の知見に基づいた多様な学び方を受け入れるという学校現場の柔軟さが必要です。子どもが自信を持って取り組める方法を、一緒に探してほしいと思います。

【努力が報われたよ!】

中学校には定期テストがあり、一定期間で学んだ内容を一気にアウトプットする必要があります。記憶に課題がある子は、情報の多さで頭がパンクしてしまいます。コツコツ学習することが苦手なタイプの場合、あっという間に学習を諦めがちです。

ここでのキーワードは「基礎を固めつつ、100点を狙うのではなく、戦略的に前より5点アップする方法を考える」ということ。基礎的な内容を絞り込み、繰り返し練習し、記憶を定着させることが一番の近道です。

ワークの基礎的内容を洗い出し、プリント教材を作って繰り返し練習するのがおすすめ。学校のワークなどは問題がレベル順に区切って掲載されているので、取り組みやすい部分を探して重点的に解くとスムーズです。どこを選べばよいかわからない場合は、学校の先生に相談してみてください。その子が扱える量を把握して進めることが肝要です。基礎的な内容が定着していれば、進級しても学び直しが可能となります。

【提出物が出せたよ！】

小学校では毎日宿題が明確に提示されますが、中学校になるとワーク、プリント、ノートなどの提出課題が不定期に出されます。ワークなどは各教科トータルすると200ページを超えることも。「答えを写していいから」と言われても、勉強がわからないまま放置されることに変わりありません。ここでのキーワードは「合理的配慮を申請する」ということです。

あらかじめ担任とワークに取り組む内容、量、提出日を話し合い、合理的配慮が受けられるかを検討します。課題の提出は評価に直結することなので、話し合いの結果は必ず個別の指導計画等に記載し、情報の漏れがないように先生方と共有します。

今後、高校入試に必要な内申点の考え方は大きく変わってくると思います。合理的配慮はお子さんが学びのスタートラインに立つために必要な手立てです。

【情報共有のための「学びのカルテ」】

今まで説明してきた様々な課題にどう立ち向かっていくか。子どもたちのニーズを聴きながら一緒に対応方法を検討していきます。話し合った内容を他の人たちとどう共有していくかが学校では大切になります。担任だけが情報を持っていても他教科の担当がわかっていなければ、支援や配慮はまったく機能しないからです。

本来であれば個別の指導計画には様々な情報が記載され、共有されるところですが、残念ながらうまく活用されている状況とは言えない部分があります。そこで、個別の指導計画より気軽に使える「学びのカルテ」を作成しました。

学校生活における主役は子どもです。主役を抜きにした話し合いをするべきではありません。安心して過ごせるようにする方法を、子どもと一緒に考える過程がとても大切です。子どものニーズを聴き終えたら、保護者、担任と情報を共有し、支援方法を検討していきます。

カルテの中でも「必要とする合理的配慮」の欄は重要です。この欄に書かれた支援方法は、すべての先生方に取り組んでいただくことになり、評価に直結します。特に3年生の場合、高校入試の際の合理的配慮の申請に関わるので、実態に基づいた適切な支援方法を見つけ出し、記述する必要があります。

学びのカルテ

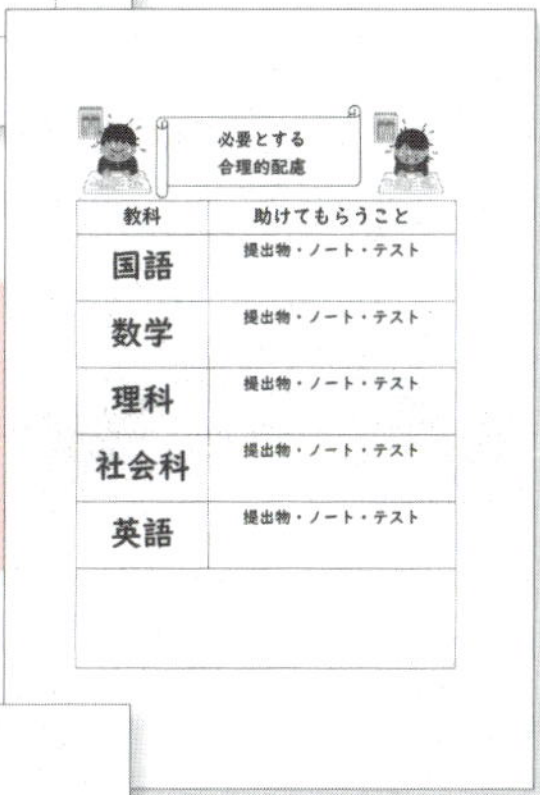

教科	助けてもらうこと
国語	提出物・ノート・テスト
数学	提出物・ノート・テスト
理科	提出物・ノート・テスト
社会科	提出物・ノート・テスト
英語	提出物・ノート・テスト

必要とする合理的配慮

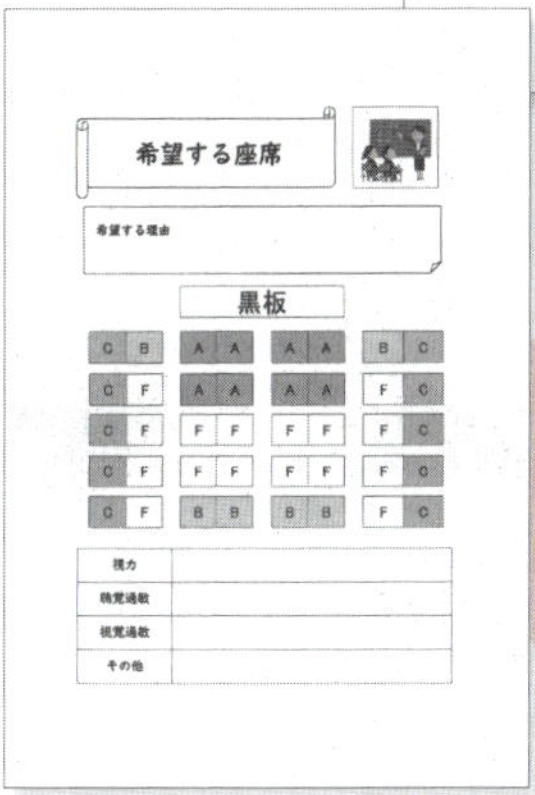

座席表

三富貴子

悩みの種になりがちな「宿題」との付き合い方

小学校に入学すると宿題がある毎日が始まり、それは学校を卒業するまでずっと続きます。子ども一人で継続的に取り組めることが理想でしょうが、発達障害特性の有無にかかわらずどんな子どもでも、特に低学年のうちは保護者の協力が必要ですし、学校も保護者を巻き込むことを前提にした宿題を設定しがちです。しかし毎日のことであるがゆえに、家庭でのトラブルにもなりやすいのが宿題なのです。

実は宿題には特に決まった形や規則があるわけではなく、各学校や先生の考え方に基づいて運用されているものにすぎません。何のために宿題があるのかを考えてみると、「宿題問題」を学校や先生との対決ではなく前向きに解決するきっかけになるかもしれません。

宿題はいくつかのタイプに分けられます。おおまかに①繰り返し反復練習をするもの（音読・漢字・計算ドリル等）、②習ったことを自分の言葉でまとめ直すようなもの（意味調べや作文等）、③夏休みの自由研究のように知識と実体験を結びつけるもの、などでしょうか。そしてその目的は、①学習、獲得したスキルを定着させて考えなくてもできるようにすること（知識やスキルの定着と深化：復習）、②獲得した知識の用い方を学習すること（知識やスキルの展開：発展と応用）、③自ら考える力をはぐくむために取り入れられることが増えたいわゆる探究的な学習、となるでしょう。①②の目的の背景には、学習習慣づくりや時間管理・自制心の向上、子どもの学習状況に対して養育者の気付きを促すといった狙いもあり、学校の学習方針が反映されるため養育者がそれを知るきっかけにもなります。この場合、結果以上にやり方が固定される傾向にあり、先生（学校）の意図への子どもの「気付き」が宿題の評価の中心となります。

宿題で直接必要なスキル以上に、①②では見通しをもって行動を組み立てる力が、③では他者（先生）の視点を読む力が結構大事になりそうです。当然こういった力に課題を抱えるこどもたちは宿題が苦手ですし、宿題のタイプでも違いが出そうです。

養育者の皆さんは、宿題がうまくいかないことの根本を「学習そのものの難しさ」

ではなく、「宿題をする場面への対応の難しさ」と捉えることをお勧めします。養育者はつい「子どもがやろうとしない」と判断しがちですが、これは大きな間違いです。やらない理由を子ども自身の要因と環境との中での要因に分けて考えると、まず前者は問題がわからない、わからないところがわからない（あるいは「わからないこと」の伝え方がわからない）、できるけど時間がかかりすぎる、取りかかるきっかけがわからない、完璧にできなくて「できる自分」のイメージとのずれにパニックを起こす、一人ではできない、など原因は人によって本当に様々で、しかも一つとは限りません（ここで挙げた例はそれぞれ別の発達特性によるものです）。さらに後者では、出される量が自分の能力と比べて多い、難易度が高すぎる（学校でできなかったことが持ち帰り課題になっていることも）、宿題の内容や取り組み方がわからないまま帰宅している、といった理由が考えられます。

宿題が進まないことに困ったら、まず考えうるだけの理由を並べて一つひとつ当てはまるかどうかを検討しましょう。「この子は宿題をやらずにゲームばっかりやって！」と言ってゲームを取り上げてしまう前に、ゲームをやりたくてやるのか、つい飛びつくのか、ゲームに逃げたくなるような「しんどさ」があるのかで対処がすべて異なります。

子どもと養育者が宿題とどう向き合うか

対処法のひとつは、学校との役割分担です。家庭はあくまでも生活の場であり、身体と心を休めて、学校でがんばるエネルギーをためるところです。よって、「学校でできないものを家に持って帰ってできるようにする」のは本末転倒ですし、宿題を学校の補習とするのは間違っています。また、学習障害の傾向のある子に「できなかったらやらなくていい」と言ってしまうのは、自己効力感を落とします。持つべき方針は、この単元においてマストで習熟するべき知識は何か、学習することの意義は何かを考えて、「どうやったらそれが前より少しできるようになるか」を子どもと一緒に考えることにあります。さらに養育者が宿題を一緒にやる姿勢があると最高にすばらしいです。「本に書いてあることを知り内容を理解する」ことがマストであるなら、「最初は私（大人）が読むのを聞いてね。後で質問するね」からスタートしてもいいわけです。そこからある程度内容をイメージしながら読むスキルを形成することもあります。

荻布優子・川﨑聡大

通常の学級、特別支援学級、特別支援学校で迷ったら？

どの環境がわが子の成長や発達に最適かを考える

小学校入学にあたり、心配なことがたくさん出てくると思います。最も大きな不安はおそらく就学先の決定ではないでしょうか。就学先の候補には、通常の学級、特別支援学級、特別支援学校があります。まず、それぞれの長所や課題も含めた特徴を理解しておきましょう（左表参照）。

通常の学級は、多くの子どもと学べる、地元の友達と過ごせる一方で、カリキュラムが固定的で、集団学習を中心に進められるという特色があります。個別性の高い支援を必要とする場合は、学校側が可能なサポートに限界があります。

	持ち味	課題
通常の学級	・1クラス35人と人数が多く、活気がある。 ・子ども同士の関係が作りやすい。 ・当該学年の教育課程（カリキュラム）を踏まえた学習を進める（教科書に沿って進められる）。 ・集団授業がメイン。 ・学級経営の進め方によっては、障害がある子も大事にされる。 ・居住地域の学校に通えるので、幼なじみと一緒に登校できる安心感があり、地域の知り合いも作りやすい。 ※通級指導教室に通う子どもは、普段はこちらに在籍する。	・教育課程は学年相応で柔軟な対応が難しい。そのため、勉強についていけないという理由で学校に行きたくなくなることも。 ・人数が多く、教室が落ち着かないことがある。 ・対等な仲間になれないことがある（例：比較されて自信を失う、保護されすぎて依存的になるなど） ・他の保護者の理解を得るために、担任・保護者の丁寧な説明が必要なことも。 ・先生は一人。一部、介助員や支援員などの加配がつくこともあるが、多くは望めない。 ・特別支援学級等の指導経験がある担任はごくわずか。 ・個別に特化した指導はほとんど期待できない。
特別支援学級	・1クラス8人と少人数で、子どもの状態に合わせた指導が設定しやすい。 ・知的障害、情緒障害などの種別がある。 ・子どもの特性に合わせた柔軟な教育課程（カリキュラム）を編成できる。 ・当番や係など、子どもの得意分野に合わせて設定しやすい。 ・発表会などスポットライトを浴びる経験を通して、自信をもつことができる。 ・子ども同士の関わりが密接。 ・校内の通常の学級との「交流」教育が行われる場合がある。 ・自治体内の特別支援学級との連合の行事に参加することがある。 ・介助員など、自治体独自に設置される人的配置があり、大人の数がとても多く感じられることも。	・担当する先生のやり方が強く反映される。担任の意識・経験などによって指導スタイルが容易に変わることも。 ・同じような実態の子どもがいない場合がある。 ・居住地区の学校に特別支援学級が設置されていない場合は、近隣の別の学校に通うことになる場合がある。きょうだいで別々の学校となることも。 ・保護者同士の交流が密になり、支え合えるよい面もあれば、摩擦が多くなるケースも。 ・「交流は子どもの様子を見ながら」が原則。必ずしも親の希望通りにはいかない。
特別支援学校	・小中では1クラス6人。 ・保護者間で医療・福祉・進路に関する情報を得やすい。 ・同じような発達段階の子ども集団の中で、比較的落ち着いた生活が保障される。 ・「重度重複学級」という極めて少人数の学級を設置することができる（1クラス3人）。 ・日々のルーティンを大切にした教育課程が用意されている。 ・身辺自立など、基本的なことを丁寧に育てるという意識がある。 ・将来の生活を見通したキャリア発達を支援する指導が行われる。 ・クラス担任の他に学年付きの担任がおり、個々の先生のやり方に左右されにくく、指導の継続性がある。 ・個別の指導計画、個別の教育支援計画をいち早く導入してきた経緯がある。 ・校外から専門家を招き、指導面のアドバイスを受けられる制度がある。	・通常の学級との交流の機会が少ない（「交流及び共同学習」という制度で交流自体は可能だが、特別支援学級よりも頻度は少ない。都道府県によっては「副籍」「支援籍」などの事業が進められ、居住地域の学校との交流が行われている）。 ・家から距離がある場所に学校がある場合は、スクールバスなどで通う（車に乗るのが苦手な子、他の子の声が苦手な子には負担であることも）。 ・障害のないきょうだいとは別の学校に通うことになる。 ・相性が合わない子どもと同じクラスになることがある（もちろん学級編成や指導体制で対応される）。

特別支援学級では、比較的少人数で学ぶことができる一方で、担任の方針が強く反映されたり、行事のペースを通常の学級に合わせたりするため、わが子の実態と合わないこともあるかもしれません。

特別支援学校は、1クラスの人数が最大6名までとされており、日々のルーティンを大切にしたカリキュラムが組まれている一方で、スクールバスに乗って通学するなど地域との距離を感じるかもしれません。

どこを選ぶか見極めるのは難しいことだと思います。ほとんどの保護者は、通常学級の経験しかないのですから。特別支援学級や特別支援学校の中のことは一度も見たことがない、イメージすら浮かばないという人が少なくないことでしょう。よくわからないままで判断しようとすると、どうしてもこれまでの経験や思考に左右されてしまいます。特に、「特別支援学級はワンランク下、特別支援学校はさらにその下」のようなピラミッド構造で学校制度を捉えないでほしいのです。先入観や偏見をもたずに、どの環境がわが子の成長や発達に最も適しているかを考えてみてください。

複数の立場から就学先を考える

就学相談委員会は、教育・心理・医療の専門職と教育委員会の関係者で構成されており、その判断には一定の妥当性があると思われます。しかし、保護者の事前の希望と乖離があることも珍しいことではありません。それは、保護者の目線と他者の目線の差なのだろうと思います。たとえ双方で意見が食い違っていたとしても、相手に対して幻滅したり、落ち込んだりする必要はなく、それぞれの立場でわが子のことを考えてくれた結果だと受け止めてみてください。最終的には、どれだけ判断に迷ったとしても、保護者がご自身で決断なさることが大切です。

就学してからも転級・転学は可能です。入学してみなければわからないこともあるので、就学前よりも現実的な判断ができるかもしれません。ちなみに、「特別支援学校から特別支援学級へ」「特別支援学校から通常の学級へ」という転級・転籍の事例はあります。「一度特別支援学校に行くともう戻れない」などという話が飛び交うこともあるようですが、ご自身で確認できたことを判断のよりどころにしましょう。

川上康則

幼稚園・保育所等から小学校へ学びの場の選択と向き合う

最初の学びの場（＝小学校1年生をどのクラスで過ごすか）を幅広く検討しようとすると、実は年長の春ごろから保護者が主体的に動き始める必要があります。就学先を決めるまでの流れと立ち止まるポイントを知り、過度に不安に思わず落ち着いて、納得いくまでじっくり考えられたらと思います。

学校生活を想像してみると、どんな子どもでも就学直後は戸惑いが生まれるものですが、小学校の習慣に自然と慣れていける子どもと、大人のサポートがあって慣れていけるお子さんに分かれます。できるだけ早く学校生活の習慣を知って流れに乗っていけること、背伸びしすぎず着実に学びを積み重ねていけることが、学校が安心安全な場となるための近道と考えられます。学びの場の選択の基本方針は「子どもにとって学級が安心安全な場となりえるかどうか」です。

公立校で選択できる学びの場は、通常の学級、通級による指導、特別支援学級、特別支援学校の4つが基本です（P148参照）。各自治体の手続き上は、一旦すべての子どもが通常の学級に就学することを基本としています。そのため、通常の学級以外を検討したい時には、各自治体で行われる「就学相談」に申し込む必要があります。11月末までに新1年生すべてを対象に就学時健診が行われますが、この時に就学先を自動的に学校側から割り振られるわけではありません。ポイントは本人・保護者が自ら学びの場の検討を申し出て、相談し、選択するというところです。

学びの場を決定するまでの流れ

自治体ごとに名称や若干の時期の違いはあれど、概ね次のような流れで進みます。

①就学説明会に出席・就学相談に申し込む：年長の4月中旬以降に「●●県　就学相談」とインターネット検索して、就学相談や就学相談についての説明会（就学説明会）情報を探します。5～6月に就学説明会に出席し、就学相談の申し込み書類を

記入して郵送します。書類には、これまでの育ちの様子（母子手帳を見ながら記入）や身辺自立の状態（何がどの程度一人でできるか、どの程度の手伝い・声掛けが必要か）、園での様子（集団参加の様子、仲間関係など）、保護者の心配していることなどを記入します。この機会に「就学相談に申し込もうと思うのだけど……」と、幼稚園・保育所等の先生に最近の園での様子を聞いてみてください。小学校をイメージした今までとは少し違う視点から、心配なところや自信をもって小学校に送り出せるところを教えてくれるはずです。

継続的に相談している専門機関があれば、これまでを振り返って就学先の相談をしてみてください。秋の就学時健診で就学相談を勧められたら申し込むことも可能ですが、1年生の学びの場の選択には間に合わない場合もあります。気がかりなことがあれば、ひとまず1学期のうちに申し込んでおくことをお勧めします。

②学校に関する情報収集をする：学校公開週間や運動会で学校に足を運び、学校の雰囲気をつかみます。学校によっては特別支援学級の見学をさせてもらえる場合もあります（来年入学予定であること、就学形態を迷っていること、見学が可能かどうかということを電話で伝えます）。その学校で子どもがどう過ごすのか、何はうまくできて何に

困ってしまいそうか、心配な場面はあるかどうかなどを想像しておきましょう。

③就学相談に行く：発達検査の結果や集団行動の様子を相談員の先生にみてもらいます。申し込み書類やこれらの様子を踏まえて保護者の意向を確認し、同時に教育的ニーズの整理や必要と予想される支援内容を共有していきます。この日までに家族としての希望を決め、安心して学校生活を送るために必要と考える配慮・支援のイメージを持っておきましょう。考えていなかった就学先を勧められる可能性もありますが、最終決定ではありません。専門家からみた、就学後に予想される子どもの姿に合っているだろうという提案ですので、選択肢の幅を広げてもう一度家族で相談してみるとよいでしょう。この後、教育支援委員会（教育委員会が管轄）においてどの学びの場が適当と考えられるかの判断（判定）がなされます。

④合意形成と就学先の決定：1月末を目安に教育支援員会で検討された判定結果が、各家庭に伝えられます。判定結果を踏まえて1年生での学びの場を最終決定します。本人・保護者の意向が尊重されますから、判定と異なる就学先を選ぶことも可能です。ただその場合は、選んだ就学先でどのような配慮・支援を得られるのか、就学予定の学校と面談を重ねてよく確認しておくとよいでしょう。

「小学1年生」の学びの場を迷った時には

支援が手厚い就学形態を選ぶと、通常の学級の友達との違いを意識して子どもがつらい思いをするのでは？と心配もされるでしょう。しかし、迷った時には、より手厚いサポートが受けられる学びの場からのスタートをお勧めします。うまくいかないことが積み重なり子どもの気持ちが傷ついてしまってから手厚い支援を受けられたとしても、その心の回復にはとても時間がかかります。また子どもが「自分はダメだからクラスが変更になった」と学びの場の変更を必要以上にネガティブに捉えてしまう可能性も高まります。傷つかなくて済むなら、傷つかない方がよいのです。もちろん就学後にも学びの場の変更は可能です。その場合はまず担任の先生に相談してください。

そして就学先を決めた後は、就学予定の学級・学校の管理職の先生との面談をお勧めします。子どもと一緒に見学すること、心配ごとや必要な配慮・支援事項を具体的に学校に伝えることも有効です。少し「心配性な保護者さんかしら……？」と学校に思われるくらいでちょうどよいので、積極的に学校に関わっておきましょう。

荻布優子

Column 4

ビジョントレーニングの誤解と可能性

「医療・専門機関」と、「教育・療育の現場」では、発達障害の支援のアプローチが違います。医療・専門機関では、主に機能や認知に注目することが多く、機能がどうであるかの評価や、どんな治療が必要かという視点から学習・生活面の改善を目指します。一方で、教育・療育の現場では、日常生活での適応や、学習のしやすさを目指した支援が重要視されます。専門分野によって評価や対処法の考え方が違うことを理解した上で、ビジョントレーニングについて考えましょう。

ビジョントレーニングとは、「見る力」を改善するための訓練を指します。アメリカなどでは「ビジョンセラピー（Vision Therapy）」という名前で呼ばれることもあります。特定の目的や手法に限定せず、見るための目や脳の働きを対象とした視覚に関する幅広いトレーニングです。近視や乱視などの視力回復を目的とはしていません。

目をより効果的に使うために、目をコントロールする脳の働き、また目と脳の連携を高めることを目的としています。眼球運動（視線のコントロール）、視覚認知（形や空間を理解する力）、目と手の協応（目で見て手や身体を動かす力）など、幅広い能力を向上させることを目指しています。

発達障害への活用で誤解されがちな部分

誤解されがちなのが、「ビジョントレーニングで発達障害、学習障害が改善されるのでは」ということ。両目のチームワークといった機能的な側面が改善されたり、目にしたものから特定の対象に注意を向けるなどの認知的な側面が改善されたりといった効果があることは証明されていますが、発達障害、学習障害への直接的な効果を示す明確な研究報告はありません（もちろん、視覚機能の向上が学習にプラスの影響を及ぼすことは期待されます）。

また、客観的な検査を通じて必要性を判断し、トレーニングプログラムを組む必要があるため専門的な知識が必要です。ただ、現在日本の教育・療育の現場では簡単に取り組めるプリント教材でのビジョントレーニングが行われており、必要な検査や子どもの状態把握の確認が不十分な場合が多いのです。特性に合わない、形だけのトレーニングが長期間行われることもあります。その結果、偶然に出たケースばかりが注目され、多くの場合は効果が見られない状況が生じているのです。

状態把握と総合的な支援の重要性

日常生活での適応や学習のしやすさを向上させるためにも、ビジョントレーニングを含む機能訓練を行う際には、子どもの特性を理解し、明確な目的をもって戦略的に実施する必要があります。「漢字が苦手だから点つなぎプリント」「板書が苦手だから眼球運動トレーニングアプリ」といった短絡的な対応は有効な支援にはなり得ません。一つの方法論に走るのではなく、子どもの全般的な特性を理解し、合理的配慮といった訓練以外の対応も含む総合的な支援が重要です。効果が見られない場合は他のアプローチを検討する、柔軟な対応が求められます。

では、このトレーニングの有効性を判断する専門的な検査を受けられない場合はどうしたらよいでしょうか。以下のような特徴を手がかりにすることができます。

□「お話は上手で理解は人並みなのに、読むスピードがたどたどしい（あるいは遅い）」

→文字と音を変換する効率が悪い（ディスクレシア）の可能性。

その他、「効率よく文字を読み書きする力」「そのための眼球運動や視覚認知の弱さ」が関係しているかもしれません。

□「黒板の書き写しが苦手でノートに正確に転記できない」「文章を読んでいると場所を見失い、次に読むことばや行・列の位置がわからなくなる」「書く時に文字を思い出せるが、線が多かったり少なかったり、文字の形や位置を間違える」「算数の図形問題が苦手で、形を捉えたり書き写したりが難しい」

→眼球運動や視覚認知の問題がある可能性。

どれも、必ずしも視覚の問題が要因とは限りません。一人ひとりの実態をしっかりと見極めて、上記のことをヒントに丁寧に見ておいていただけると、新たな検査や支援を受ける際に子どもの将来につながる情報となっていきます。支援者にとっては、アセスメント（評価、分析）の手がかりとして参考になるでしょう。

奥村智人

Column 5

ギフテッドとはどのようなものか

最近メディアや映画などでよく聞く「ギフテッド」という言葉ですが、正しく認識されていない現状があります。ギフテッド（gifted）は英語の「才能がある」という形容詞ですが、日本では名詞として用いています。「天才児」や「才能児」といった言われ方をすることがありますが、これらの言葉は実態を正確に捉えていません。

「才能」とは、何かと比較したり点数で評価されるなど、その時の心理的・社会的な状態によっていかようにも変わります。能力の発達の軌跡も、領域によって多様です。

そして「ギフテッド」は診断名ではなく、医学的な「障害」「疾患」ではありません。世界共通の定義もなく、曖昧です。では、なぜそういった曖昧な言葉が使用されているのでしょう。欧米では、ギフテッドは「教育上配慮や支援が必要な子ども」であると認識されていて、本人の教育的ニーズを満たす支援を行うための、いわば「ラベリング」の教育用語です。欧米ではギフテッドと「認定」されると、飛び級や学年を超えた教科支援などが受けられるのです。ただ、アメリカでは州ごとにギフテッドの判定基準が異なるなど、定義や基準が定まっていません。多くの研究では、知能指数がIQ＝130以上（上位2％に相当）をギフテッド判定の一つの基準としていますが、そもそも知能というのは、人間の能力のほんの一側面しか測っていません。とはいえ、わかりやすい客観的な指標であることは間違いなく、他の評価項目と総合的に判断するのであれば、有用な指標とも言えます。

ギフテッドの子どもの苦しみとは

国際ギフテッド協会など、複数のギフテッドの定義をみると、比較的一貫したキーワードが見えてきます。それは、ギフテッドの子どもは「高い知的能力を持つ配慮や支援が必要な子ども」ということです（片桐、2021）。ギフテッドで困っていない子どもは、あくまでも「今は困っていない」のであって、環境などがかみ合わなければ途端に生きづらさを抱えてしまうことがあります。そして現実に多くのギフテッドの子どもが、この環境とのミスマッチによって苦しんでいます。

　ギフテッドの子どもに学校の教育システムが合っていないためか、不適応を起こすケースが多く見られます。そのために「知的能力が高い発達障害」と考える人も意外と多いのです。ギフテッドと発達障害をあわせ持っている「2E（Twice-Exceptional：二重に特別な支援を必要とする）」の子どもが存在する一方、発達障害を併存しないギフテッドの子どもも確かにいます。ある子どもは、私が「学校の授業は簡単でつまらなくない？」と質問をすると「つまらないけれど、先生のギャグが面白いから好き」と答えていました。そして一般の子に合わせるために、「時々授業でわからないふりをする」と話してくれました。わからないふりをせざるを得ない（それをさせてしまう）学校教育のシステムは、やはりこうした子どもたちには合っていないのでしょう。

　二重に支援を必要とする2Eの場合、非常に高い能力が発達障害を隠していることも、またその逆もありえます。例えば、かなり深刻な書字障害のある子どもは、知的能力が高く持ち前の粘り強さで漢字のテストはよい点数を取るものの、テスト前には一つの漢字を覚えるのにノートにびっしり何ページにもわたって漢字を書いていました。ギフテッドの特性も、発達障害の特性も決して見落としてはいけません。

ギフテッドの特性と発達障害の特性は、同じ行動として表れたとしても支援ニーズが異なるため、発達障害で用いられる支援アプローチがうまくいかないことがあります。したがって、両方の特性がある場合は、発達障害に対して、またギフテッドに対しての配慮と支援、両方を考える必要があります。ある程度発達障害特性があるけれど診断基準を満たさないという場合に、「過度激動（overexcitability）」とも呼ばれているギフテッドの子どもに比較的よく認められる特性のために、誤診されることもあります。支援者には、それぞれの特性に着目した丁寧な行動観察が求められます。

子どもがギフテッドなのでは？と気付いたら、まずは本人の困っていることやうまくいかないこと、イライラの原因が何であるのかを一緒に考えてあげてください。その上で、本人のやりたいこと好きなことをどうやってやり続けることができるかを考えましょう。保護者や支援者は、決して本人の能力を伸ばそうと考えるのではなく、本人の好きなことを続けられるようにサポートしてあげるのが役目です。意思決定は、本人に任せてもよいと思います。それは、必ずしも保護者や支援者の意にそぐわないかもしれませんが。

片桐正敏

第4章

社会・地域との関わりを大事に

子どもの世界は、家庭や学校だけではありません。

地域や社会ともつながっていくことが、発達障害の子どもたちが幸せな大人になるための重要なキーポイントなのです。

「〜さえすれば」「〜を食べれば」に惑わされない

社会における「自由」とは、単に「他からの制約がない」というだけではありません。「自分のありのままを受け入れ、それをベースに他人とつながりながら、自分らしい人生を歩む力を持つ」ことを指すのではないでしょうか。ところが、発達障害を持つ子どもたちにとって「自分らしく生きる」のは、時に非常に困難であるという現実があります。それを、私たちは社会の一員として見過ごしてはいけません。

発達障害の子どもたちは、学業や日常生活において他者との違いを突きつけられることが多いです。「なぜじっとしていられないのか」「どうして簡単な指示が理解できないのか」などといった言葉は、彼らにとって見えない壁を作り出します。彼らが抱える課題は、必ずしもその特性そのものから生じるものではなく、むしろその特性に対する社会の理解や支援の不足によることが多いのです。

偏見がもたらす重荷

私たちの社会では、多くの場合「標準」とされる枠組みから外れる人々に対して無意識の偏見が働きます。「発達障害」という言葉に含まれる「障害」という表現は、彼らが何か劣った存在であるかのような印象を与えることさえあります。こうした偏見は、子どもたちが自分に価値を見出し、前向きに自己を受容する力を阻害します。発達障害を持つ子どもたちが必要としているのは、「標準」に合わせる努力ではなく、彼ら自身のユニークな能力や特性を生かせる場と、周囲の理解と支援なのです。

偏見を減らすためには、教育や社会的な啓発が必要です。特に重要なのは、発達障害についての科学的理解を深め、その多様性を社会全体で受け入れる文化を醸成することです。教育現場や職場での研修といったものだけでなく、日常の中で小さな意識改革を積み重ねる機会が必要です。しかしながら、今の発達障害に関連するメディア、またSNSなどの情報を見ると、科学的根拠に基づいていない、専門性のない意見が多数を占めています。さらには、ブランディング費用を使って「これを食べないと」「こういうことをしないと」といった虚偽の情報を拡散し、親だけでなく本人を不安にさせ、情報や金銭を搾取している例が多数あります。そういった情報は、社会に対する偏見を拡大させます。情報化社会の負の側面が表れてしまっているのです。

自由に生きる力を支援する

発達障害の子どもたちが自由に生きるためには、まず周囲がその特性を理解し、個々のニーズに応じた環境を整えることが必要です。例えば、感覚過敏を持つ子どもに対しては、音や光の刺激を減らす工夫が有効です。また、コミュニケーションが苦手な子どもに対しては、視覚的な指示や柔軟な対応が効果を発揮することがあります。これらは、専門的知見に基づく技術が必須です。さらに、子どもたち自身が自分の特性を理解し、それを受け入れるプロセスも重要です。過度な競争を避け、各々のペースで成長を支える環境を提供することが必要ということです。もちろんこの過程を支えるためには、科学的根拠や専門的知見に基づく対応が必須です。

私たち大人は、子どもたちが偏見や制約に苦しむことなく、自分らしい人生を歩むための道を切り開く責任を負っています。単なる慈善活動ではなく、社会全体の持続可能性を高めるために必要な投資です。なぜなら、様々な子どもの多様性を受け入れる社会では、すべての人々がその能力を最大限に発揮できる環境が提供されているため、創造性や革新性を育む土壌となるからです。

発達障害を持つ子どもたちが、社会の偏見にとらわれず自由に生きるためには、私たち一人ひとりの意識と行動が問われています。偏見や誤解を乗り越え、彼らの存在を尊重し、ともに成長できる社会を築く努力を続けていかなければなりません。

そのためには、科学的根拠に基づく専門的な知見が必須です。「儲かる!」「私のセミナーを受ければよくなる」「本を買えば治る!」「大学等の研究者は現場をわかっていない、私たちの実践こそ一番正しい」などと吹聴する輩が本当に多い状態です。真の専門家が内容の妥当性をきちんと確認して販売している書籍は少なく、だからこそこの本には価値があります。

和田一郎

幸せに生まれて、幸せに生きていくために――子どもの権利

「基本的人権」の考え方と子どもの権利に関する条約

子どもの権利を考えるために、まず、私たちの人権について考えてみましょう。私たちはみな、生まれながらにして「人としての価値や尊厳が守られ、幸せに生きる権利」を持っています。日本ユニセフ協会の「権利のABCDE」は、人権がどのような性質を持つものなのかを端的に示してくれています。障害がある子どもたちは、できないことや苦手なことに目を向けられがちです。しかし、そのことで権利が制限されることはありません。権利はどのような人にも等しく平等に与えられるもので、障害がある子どもたちは障害ゆえの配慮を受けつつ、権利を行使することができるの

です。

子どもが幸せに育つために何が必要かと考えると、「子ども時代に大切にされなければいけない、子ども固有の権利」が見えてきます。それを定めたものが「子どもの権利に関する条約（Convention on the Rights of the Child, 以下権利条約）」です。

権利条約の4つの考え方

ここでは、基本的な4つの考え方をご紹介します。

①差別の禁止（第2条）すべての子どもは、子ども自身や親の人種や国籍、性、意見、障害、経済状況などどんな理由でも差別されることはありません。国籍や性、障害の有無などにより、同じ「子ども」といえども、権利が守られているかどうかにグラデーションが生じやすくなります。社会的により弱い立場におかれやすい子どもほど、「同じように権利が保障される」ということを意識しておく必要があります。

②子どもの最善の利益（第3条）子どもに関することが決められ、行われる時は、「その子どもにとって最もよいことは何か」が第一に考えられます。障害のある子ども

の治療や教育、職業など、様々な選択を「子どものために」と周りの大人が集まって協議する場面も多いと思われます。

③生命、生存及び発達に対する権利（第6条）すべての子どもの命が守られ、持って生まれた能力を十分に伸ばして成長できるよう、医療、教育、生活への支援などを受けることが保障されます。障害のある子どもは、できないことや遅れていることに目を向けられがちです。しかし、強みに目を向け、持っている能力を伸ばすために必要なことは何かを考えることが大切です。

④子どもの意見の尊重（第12条）子どもは自分に関係ある事柄について自由に意見を表すことができます。そして、大人はその意見を子どもの発達に応じて十分に考慮します。障害のある子どもも例外ではありません。「この子にはまだ難しいから」と思う必要はありません。子どもは子どもなりに自分に関わる物事を決めるプロセスに参加することができます。この時、子どもの意見がそのまま通るようにするべきだということではありません。子どもの意見を尊重しつつ、第3条の精神にのっとって「この子にとって最もよいことは何か」を考えていくことが必要なのです。

障害のある子どもの権利

障害のある子どもについては、第23条にその権利が定められています。障害がある子どもは、その尊厳が守られ、自立し、社会に参加しながら生活できるよう、教育や訓練、保健サービスなどを受ける権利を持っています。また、ここでは障害のある子どもを養育する保護者の権利についても明記されており、国からの支援を受けることができるとされています。

子どもは「弱くて大人から守られる存在」です。同時に、子どもも「ひとりの人間として人権（権利）を持っている」、つまり、「権利の主体」だという視点が大切です。また、成長の過程にあって保護や配慮が必要な子どもならではの権利も定めています。子どもは「権利の保有者」です。大人はそれを守る「義務の担い手」です。親は、子どもの育ちを支えます。そして親の子育てもまた、国によって支えられるべきであり、こうして子どもが幸せに生まれ、育つ権利はいくつもの義務の担い手によって何層にもわたって支えられることが求められるのです。

石田賀奈子

子どもは、地域の中で育つ

子どもが社会に入っていく（＝社会化の）場は、社会福祉学者の山縣文治によると①家庭、②地域、③学校（保育所、幼稚園なども含む）の3つがあるとされています。

①家庭：「第1次社会化の場」で、構成員の福祉を支える基本単位です。子どもにとっては、人生の出発点であり、安心・安全の基地として、基本的な生活保障の場として機能します。

②地域：「第2次社会化の場」であり、子どもが出会う「家庭とは異なる小さな社会」とも言えます。親も含めた「育ち」の場としての機能も期待されます。

③学校・保育所・幼稚園など：「第3次社会化の場」であり、子どもたちはここで同世代の仲間と出会います。意図的な学習の提供を通して、市民社会の一員としての

成長を促す場でもあります。

子どもたちは家庭を基盤としながら、学校や地域社会へと世界を広げていきます。「どこが大切か」ではなく、「どこも大切な社会化の場」なのです。しかし、障害のある子どもにとっては、病院での治療や施設での療育に重きが置かれ、こうした場とのつながりが希薄な場合もあります。支援者は障害や病気のある子どもにも、同じように育ちの場が保障されるよう配慮する必要があります。

子ども時代のコミュニティの大事さ

私たちの価値観や生活様式は多様化し、地域社会も大きく変化しました。核家族化、都市化で人間関係が希薄になり、少子高齢化で地域行事が廃れる中で、子どもの育ちの場として家庭や学校の役割が強調されがちです。しかし、地域こそ家族以外との大人との出会いや、年齢の違う子ども同士の出会いを可能にする場であり、子どもの育ちにも親の子育てにも欠かせないものなのです。障害のある子どもとその保護者にとっては、地域社会とのつながりは自分から作ろうとして簡単に作れるものではありません。発達の特性に関係なく、すべての子どもが地域社会の一員として積極的に活動できる環境を作ることが求められます。

虐待などの家庭内での逆境的な体験は、成人後の心身の健康をむしばむことがわかっています。一方、近年、子ども時代のポジティブな体験が大人になってからの健康を支えることが明らかにされてきています。これは家庭の中での体験に限らず、どのようなコミュニティの中で育つのかも、成人後の心身の健康を左右することがわかってきています。

コミュニティの中でのポジティブな体験として、①親以外の信頼できる大人、②子どもにとって支援的な友人、③学校などへの帰属意識、④地域の伝統的なイベントへの参加が大切だとされています。さらに大切なことは、日常の生活の中でポジティブな体験につながる様々な他者との出会いが用意されていることです。

すべての子どもに、地域でのポジティブな体験を！

どの子どもも、地域社会の一員として、コミュニティの中でポジティブな出会いを十分に体験しながら大人になっていく権利を持っています。
発達障害の子どもたちも、地域の中で育ちます。障害のある子どもだけではなく、児童養護施設等の施設で生活する子どもも、里親家庭や養子縁組をした家族と暮らす子どもも、地域の子どもです。しかし、発達上の課題や家庭環境上の課題がある子どもたちには、「自立」「自立支援」が優先されがちです。子どもたちに個人の能力を発達・成長させて自己実現をさせなければと思うあまりに、コミュニティでの様々な体験の機会から子どもたちを遠ざけてしまうことには気を付けなければなりません。社会生活上の不利に直面しがちな課題のある子どもたちにこそ、「私はコミュニティの一員として大切にされている」という感覚と帰属意識の獲得を支援するために、コミュニティの側への働きかけが不可欠です。地域のお祭りなどの行事は、そのためにも大切にされ、また地域で暮らす様々な人にとって参加しやすいものになる必要があります。これは子どもが「親以外にも信頼できる身近な大人」との出会いを作るためにも大切です。加えて、保護者が孤立したり、孤独感を抱いたりしない環境を作るためにも、いろいろな世代の人が交流できる機会を大切にすることが求められます。

石田賀奈子

子どもをとりまく様々な困難とはどんなものか

2024（令和6）年版のこども家庭庁「こども白書」は、「どこかに助けてくれる人がいると思う」と考える子ども・若者の割合は97・1％だとしています。ところが、「社会生活や日常生活を円滑に送ることができている」と考えるのは51・5％でした。「私のことを誰も助けてくれない」「自分は生活をうまく送れていない」と感じている子どもたちには、どのような困りごとがあるのでしょうか。

まず児童虐待が生じる背景には、障害や病気といった子ども自身の課題、子育てに対する不安など親の課題などがあるとされています。子育てを応援するサポーターのいない孤独な子育てによるストレスが、虐待を発生させていると考えられます。子どもが療育や教育によって成長することや、親がカウンセリング等のケアにつながることだけでは解決しないのは、虐待の問題は個人の問題ではないからです。子どもの育ちを家庭だけの問題としていては、解決しないのが児童虐待という問題なのです。

ケアすることを求められる子どもたち――ヤングケアラー

子どもにとって家庭は、社会生活を送っていくための基礎を学ぶ場です。子どもは本来、「成人のパーソナリティの安定化」や「高齢者の扶養」といった機能を果たす存在ではありません。しかし近年日本においても、本来大人がするような介護・介助を家庭の中で担う子どもたちへの支援の必要性が指摘されるようになってきました。

こうした子どもたちを、「ヤングケアラー」と呼びます。「子ども・若者育成支援推進法」では、ヤングケアラーを「家族の介護その他の日常生活上の世話を過度に行っていると認められる子ども・若者」としています。

「ヤングケアラーの実態に関する調査研究」報告書では、公立中学2年生で5・7%(約17人に1人)、公立の全日制高校2年生で4・1%(約24人に1人)が「世話をしている家族がいる」と回答しています。そして、「家族の代わりに、幼いきょうだいの世話をしている」(中学校79・8%、全日制高校70・2%)が最も高い結果となっています。

家族の世話で、やりたいけれどできていないことがある子どもたちの存在も明らかになりました。発達障害がある子どもがケアラーとなっている場合もあるでしょう。そうなると「やりたいことができない」だけではなく、本人の成長に必要な学びの機会が削られたり、様々な大人や仲間と出会う機会が損なわれることも起きます。子ども期のこの損失は、将来に長く影響を及ぼします。

子ども自身が家族のケアをしていても、それがヤングケアラー状態であることに気付きにくいため、啓発も大切だとされています。一方で、「発見」に注目が集まるあまりに、発達障害のある子どものきょうだいに対して「ヤングケアラーではないのか」というまなざしを安易に向けるようなことがあってはなりません。

その他、家族のケアを担う子どもたちが相談できる場所として、ヤングケアラー同士が交流できる居場所や学校、スクールソーシャルワーカー、スクールカウンセラーなど、身近なところの専門職の役割が期待されています。しかし、子ども自身の「自分の時間が取れない」悩みは、「話を聞いてもらうこと」で解決するのでしょうか。ケアを必要とする人が増加する背景は複雑です。介護・介助を必要とする人のケアの担い手が足りないこと、ひとり親家庭を支える社会資源が少ないことなどから、ケアが家族の問題とされて見過ごされてきたことに大きな原因があるのではないでしょうか。

ケアをする人のケアのための資源が足りない！

児童虐待も、ヤングケアラーも、子ども・若者の問題というよりも、家族を支えるサービスが少なすぎるという問題が引き起こしています。子育てや高齢者の介護、障害者の介助など、ケアを家族の問題として家庭の中で解決させようとしてきた社会の側の問題だと捉える視点が必要です。そして障害や病気のある子どものケアは、「家族の絆」で乗り切る問題ではありません。家族の健康状態の変化や経済状況の変化が起きた時、それまでうまくいっていた生活が一気に困難な状況に陥ることもあります。「みんながんばっているのだから」と当事者に思わせる社会の側が変わる必要があります。そして障害や病気の知識を持った専門家の支援を受けることで、保護者は家庭を安全で安心な場所にすることができます。「家族だけで担わなくてよい状態」にするために、ケアをする人のケアができるサービスが大切です。

石田賀奈子

人と社会を取り持つソーシャルワーカー

発達障害のある子どもは、子ども同士のトラブルが起きた時、障害のある子どもの特性が引き起こしているのではと考えられがちです。しかし、「困ったことをする（と思われている）人」は、何かに「困っている人」なのです。注意をすればその場はおさまるでしょう。しかし、何がその人に「困った行動」をとらせているのかを明らかにしなければいつまでも困ったままです。その人の考え方や行動を変えて解決することは、社会において少ないのです。前項で述べた、児童虐待やヤングケアラーの課題も同じです。

「ケースワークの母」と呼ばれるメアリー・リッチモンドは、『ソーシャルワークとは何か』という本の中で、「ソーシャル・ケースワークは人間と社会環境との間を、個別に意識的に調整することを通して、パーソナリティを発達させる諸過程から成り立っている」としました。リッチモンドは、医師が不調の原因を探り、病気を特定し、治療するアプローチを参考にしました。ソーシャルワーカーは個人の問題を診断し、その原因としての社会環境の改善と、個人の治療を行うことが大切だとしました。しかし、リッチモンドが提唱したこの「治療モデル」には課題もあります。問題のある人は、「ありのままでいること」が許されず、自分の中にある問題を解決しないと社会の中で生きていけないのでしょうか。

人とその環境は、互いに影響し合っている

私たちは日々、自分を取り巻く環境から影響を受けています。そして、私たちの取る行動もまた、環境に影響を与えています。私たちを取り巻く環境とは、身近なところでは家族、学校の友達、近所の人などが挙げられます。問題に直面した時にうまく解決できるかどうかは、環境との関係がどのようなものかによっても左右されるのです。

例えば、発達障害がある子どもが学校に通う時、子どもは「教育」を学校に求めます。一方、学校側は教育を提供しますが、あわせて学校のルール（校則や学費の支払いなど）を求めてきます。この環境側からの求めにうまく応えられない時に、問題が起こります。学校に限らず、こうした関係を私たちはいろいろな相手と多様に結んでいるのです。ソーシャルワークでは、こうした問題を「人と環境のやり取り」の結果として理解します。ソーシャルワーカーは、困難に直面している人と一緒に、人と環境との間を調整したり、人の問題解決の力の発揮や成長を促したり、環境の改善のために社会に働きかけたりして困りごとの解決を目指すのです。

困りごとの解決に必要なこと

まずは、ソーシャルワーカーが当人を理解することから始まります。困難を抱えている人の側に立ち、今の困りごとの解決に必要な、「いつ（いつから）」「どこで」「誰（どんな環境）との関係で」「何に」「どのように」「どれくらい」困っているかという情報を集めます。とても個人的な内容を含む情報を集めるため、十分に気を付けなければなりませんし、すべての情報を細かく収集することは適切ではありません。

また情報収集は基本的に、困りごとを抱えた当事者から聞き取ることが大切です。「何に、どのように困っているのか」（現在の状況）、そして「どのようになればよいと思っているのか」（希望）などを聞きます。次に、家族や先生、直接関わる支援者など、本人を知っている人からも、当人が何に困っていると思うか、どうなってほしいと思うかなどを聞き取ります。専門職からは、専門的な立場から見て今の状況をどのように捉えているかを聞きます。そしてさらに、地域の社会資源や地理的条件など、今起きている困りごとを解決するための助けになるような資源を把握していきます。

こうした支援は、困りごとを抱える当事者、その家族、ソーシャルワーカーの信頼関係をベースに展開されますが、ソーシャルワーカーからの働きかけを通して、当事者が今自分は何に困っているのか、自分はどのような状態を希望しているのかを知るよう促すことが大切です。その中で、周囲の人との関係を客観的に捉え直し、自分の持つ強みへの理解を深めるよう支援します。こうして社会資源を活用することによって、自分の問題として向き合い、解決する力を付けられるよう支援するのがソーシャルワーカーの役割です。

石田賀奈子

地域のリソースの活用の仕方

地域のリソース（社会資源）とは何か

ソーシャルワーカーは、困りごとを抱えた人の困難を軽くしたり、なくすために、必要な地域のリソースと結び付けて支援のネットワーク化を促す専門職です。当事者から話を聞くことで、「聞いてもらえて安心！」と思ってもらえるような関係を築き、「何がこの人を困らせているのか」「解決に必要な条件は何か」を把握します。解決するための課題（タスク）を明らかにし、地域のリソースすなわち社会資源に結び付けるのです。社会資源とは、困りごとが軽くなるように支える人や組織、制度、サービスのことです。大きく分けるとフォーマルなものとインフォーマルなものがあります。

フォーマルな社会資源：公的な法制度に基づいたサービスです。児童相談所、保健センター、病院などで提供されます。
インフォーマルな社会資源：家族、友人、職場の人、近所の人、マンションの大家さんなど、非公式で非組織的な支援者から提供されます。

この2つは、どちらも同じように大切です。「誰かに話を聞いてほしい」「支援につながりたい」と思った時、同じような悩みを持つ人同士のコミュニティに参加することで、「自分だけではない」と思えたり、子育ての先輩からライフハックを教えてもらえたりと、インフォーマルなリソースは大切です。ただ、実際に生活を支えるための制度につながるには、ソーシャルワーカーの活用が有効です。フォーマルなリソースにつなげてもらい、困りごとの軽減に向けた支援を求めましょう。

例えば、聴覚に障害がある人は手話通訳や文字起こしアプリを使って音声情報を把握することができます。視覚に障害のある人は外出の際の移動を支援するガイドヘルパーが必要な場合もあります。困りごとを解決するためには、当事者自身が地域のリソースとつながることが大切です。同じような困難があっても、人によって、また人生のどの段階にいるかによって必要なリソースは異なります。自分で調べてアクセスできる人もいますが、どんなリソースがあるかわからない人、どうやってアクセスすればいいかわからない人のために、相談に応じるのがソーシャルワーカーです。本人の同意のもと情報を共有し、役割分担した上で連携体制を作っていきます。

しかし、必要なリソースがその地域になかったり、あったとしても使えない場合があります。そんな時、ソーシャルワーカーは、その人の抱える困難に対処できる新しいリソースを生み出したり、今あるものを使えるように改良したりするのです。例えば訪問看護は、在宅で介護を必要とする高齢者や障害のある人のための制度として広く認識されてきましたが、今は発達障害のある子どもも利用可能な制度です。環境との関係において困りごとを抱える人の、権利を守るための仕組みをよりよくすることもソーシャルワーカーの大切な役割の一つです。

「困っているから活用する」だけではなくていい

地域のリソースは、困ったことがあった時にはもちろん積極的に活用してほしいものです。しかし、困っていなくても、すべての子どもたちが様々なリソースを活用して生活を送ってほしいと思います。時代の変化によって、社会福祉の対象についての考え方が変わってきているからです。

もともと社会福祉は、社会の中で困難な状況にある弱い立場の人を「保護を必要とする人たち」であると考え、国家が個人に与える福祉サービスを決めてきました。Welfare（ウェルフェア）という言葉がこれに近く、社会的に立場が弱い人が「受け取る」サービスであると考えられてきました。しかし、福祉の理念は今日、Well-being（ウェルビーイング）という言葉で説明されます。これは、一人ひとりの生活者の置かれている状況に着目し、よりよく生きるために、どのようなサービスを受けるかを個人が選択、決定していくことを重視するものです。

ソーシャルワーカーは地域のリソースを活用できるように、「何に、どのように困っているのか」（現在の状況）に加えて、「どのようになればよいと思っているのか」（希望）を聞き取ります。子どもがよりよい環境で育つために、子ども自身、そして保護者が「どのようになりたい」を言ってくれるのを待っているのです。できるだけたくさんの「このようになりたい」を、言葉にしていただければと思います。

石田賀奈子

大人になってからの健康な生活のために

発達障害のある子どもたちは、特性に対する社会の理解や支援のあり方によって様々な経験をします。この中には孤立や偏見、誤解によるものが少なくありません。これは「小児逆境的体験（Adverse Childhood Experiences／ACE）」と多くの共通点を持っています。科学はＡＣＥが成人後の健康に及ぼす影響を明らかにしてきましたが、同時に、その回復に役立つ手法も提供しています。

もちろんすべての発達障害の子どもに当てはまるわけではありませんが、彼らが直面する困難によるストレスは、ＡＣＥが示す虐待や家庭内不和と同様に長期的な影響を及ぼす可能性があります。例えば、学校でのいじめや不適切な教育方法、家族を含む周囲からの理解不足といった体験が、ストレス応答システムの過剰な活性化を引き起こし、心身の健康に悪影響を及ぼす可能性があるのです。ACE研究の先駆者であるフェリッティらの研究（1998）は、子ども時代の逆境が成人期のうつ病、不安症、心血管疾患などのリスクを高めることを示しました。学術的根拠に基づかない情報などで子どもたちを「発達障害」と決めつけたり、「発達障害だからしかたない」とケアにおろそかにしたり、何とか有名になりたい自称カウンセラーや場末の研究者が個人的経験だけで作成したプログラムに頼ったがために、適切な支援を受けられないまま成長させることだけは避けなくてはなりません。

ACEからの回復――発達障害への応用

ACEの回復において、大切なのは「保護要因」を育むことです。保護要因とは、逆境を乗り越えて健康な成長をするために必要な支援の要素です。この概念を発達障害を持つ子どもたちに応用する際には、以下の3つの視点が重要です。

①安心できる人間関係の構築

ACEの回復では、信頼できる大人とのつながりが最重要視されます。同様に、発達障害の子どもたちにとっても、彼らを受け入れる大人の存在は欠かせません。

②心理的回復力（レジリエンス）の育成

レジリエンスとは、困難なことがあっても立ち直る力です。ACEの回復プログラムでは、感情をコントロールする力、問題を解決する力を育みます。発達障害を持つ子どもたちにおいても、彼らがストレスに適応し、自分の特性を受け入れるためのトレーニングが有効です。

③環境の適応と長所の発見

発達障害を持つ子どもたちを理解し、適応する環境を整えます。例えば、視覚的指示を活用する学習環境や、感覚刺激を抑えた空間設計などです。同時に、彼らの得意分野や興味を明らかにし、それを活かす機会を提供することも有用です。

健康的な大人になるための具体的アプローチ

彼らが大人になった時に健康的な生活を送るための、3つのアプローチです。

①健康管理と生活習慣の教育

健康的な生活習慣を教えることです。適切な栄養、運動、睡眠は、身体的・精神的健康を支える基本となります。

② 就労支援とスキル開発

自立に必要な職業訓練、就労支援をすることです。個々の強みを生かせる職場環境を整備することで、彼らが社会に貢献し、自尊心を高める機会を提供できます。

③ 継続的な心理的サポート

成人後も、必要に応じてカウンセリングやコーチングを受けられる環境を整えること。ストレスや困難に直面した際に、適切な支援を受けられる安心感を提供できます。

発達障害を持つ子どもたちが健康で充実した人生を送るために、彼らの特性を尊重し、その可能性を広げる支援システムを作ることが重要です。彼らが未来に向かって力強く歩む姿は、単に個人の成長にとどまらず、社会全体の多様性と持続可能性を高めることにもつながります。私たちができるのは、科学的根拠に基づいた知識による理解と実践ができる環境整備です。いまや学術系ＡＩでは、エビデンスをわかりやすく解説してくれるものもあります。またその実践を研究面で支える研究者が数多くいます。子どもたちが自分らしい健康な未来を築けるよう、ともに努力していきましょう。

石田賀奈子

専門職とともに歩む子どもアドボカシー

アドボカシーと、子どもアドボカシーの誤解

アドボカシーは、日本語では「権利擁護」です。その目的は、本人の意思を尊重しながら、福祉サービスの利用や生活環境の改善などを通じて、自立した生活を送れるよう支援することです。

子ども家庭庁は、「子どもアドボカシーとは、子どもが意見や考えを表明できるようにサポートすること」と説明しています。しかし、子どもの意見通りにするのではなく、声を聞くとはどういうことか、最もよいと判断する基準は何か、誰が声を聞くのが望ましいのかを考える必要があります。本来の「子どもアドボカシー」は「アド

ボカシーの実現に向けて必要な意見表明のための支援のひとつ」にすぎません。

アドボカシーには、個人の権利を守る「ケース・アドボカシー」と、集団の権利を守る「コーズ・アドボカシー」があります。前者は、例えば聴覚過敏などで学校に通えない子の「学びたい」を実現するために、学校など地域リソースと調整していく支援です。後者は、発達障害がある子どもの学ぶ権利を向上するため、政策や制度への働きかけなどを指します。また、実施する主体で分けると、ソーシャルワーカーや弁護士などの「専門職が行うアドボカシー」と、「当事者が行うアドボカシー」があります。さらに当事者が主体となり権利を主張することを「セルフ・アドボカシー」、また同じ課題を持つ人同士が集まってニーズを主張するものを「ピア・アドボカシー」と言います。

アドボカシーを行う上で大切なこと

専門職が行うアドボカシーは、当事者の「参加」を促すことが大切だとされています。自分の人生に影響する物事を決める時に、本人や親ではなく専門職が「これがよいと思って」と選ぶのは、「パターナリズム」に陥る危険性があります。強い立場にある者（ここでは専門職）が弱い立場にある者（子どもやその家族）の利益のためにと言って、本人の意志に反して行動に介入・干渉する危険性です。専門職がアドボカシーを行う際は、当事者がいくつもの支援の選択肢の中から自分に必要なものを選び取れるよう、支援プロセスへの参加を促します。

また、支援を受ける側も、「自分はどうありたいか」「我が子はどんな支援を必要とするか」を表明し、支援内容を決める過程に参加する権利があることを忘れないでください。そして、子どもの意見尊重も大切ですが、親をはじめとする周りの大人の意見も不可欠です。ソーシャルワーカーとしてアドボカシーを展開するためには、子どももが状況をどのように捉え、何を願っているかを明らかにしながら、周りの大人がどのように状況を捉え、何を必要と考えているのかについても探ることで「その子どもにとって今、最もよいと思われる支援」について考えていくことが必要なのです。

よいアドボケーターに出会うために

アドボカシーを目指した支援は「専門的援助関係」に基づいて行われるものであり、「当事者としての経験」より大切なものがあることへの理解が必要です。私たちはみな、「自己決定」、つまり自分のことを自分で決める権利を持っています。ソーシャルワーカーは、専門的援助関係に基づいた支援をします。専門的援助関係には明確な目的があること、関係には必ず終わりがあること、すべて本人の最善のために行われる援助であることなどが条件となります。

関わる期間が長くなったり、共通の話題があると、個人的な話をすることもあるかもしれません。子どもと同じ障害のある当事者だったり、きょうだいだったりすると、「わかってもらえている」と感じるかもしれません。しかし、障害によって体験する困りごとも個人差があり、誰かにとってよかったことが、自分にも当てはまるとは限りません。あくまでも子ども自身や保護者自身の置かれた今の状況や「どのようになりたいか」が出発点です。

いつかソーシャルワーカーとの関係が終結し、親子が自分の人生を自分の力で自信をもって選び取っていけること、それが可能な社会環境になること、これがアドボカシーの目指すところです。

石田賀奈子

発達障害を持つ子どもたちのための政策をどのように形作るか

発達障害を持つ子どもたちがよりよい未来を築くためには、科学的根拠に基づきながら、かつ温かく支える政策が必要です。しかし政策を形作る過程では、当事者の声と科学的データのバランスをいかに取るかが重要な課題です。発達障害を持つ子どもたちのための、バランスの保たれた効果的な政策形成の方法を考察します。

当事者の声を政策に反映することは、もちろん大切です。けれども、感情論に偏るリスクも考えなければなりません。例えば、社会的養護の分野で注目された「子どもアドボカシー」の事例では、「経験こそが専門性」という主張が政策形成の基盤となりました。しかし、こうしたアプローチが科学的根拠に欠ける場合、かえって支援が不十分であったり、対象者や支援者がさらに傷ついたりする事例があるのです。

発達障害を持つ子どもたちの政策においても、「経験が一番大事なんだ！」といった感情的な偏りは避けなければなりません。感情に基づく政策は、しばしば「短期的にはよい響きだが、長期的には問題を深刻化する」結果を招きがちです。政策は冷静かつ客観的でなくてはならず、当事者の声を科学的枠組みに落とし込むことが必須です。

当事者の声をどのように政策に取り入れたらよい？

以下の3つの原則を守り、当事者の声を政策に取り入れる必要があります。

①科学的聞き取りのプロセス

意見を集める際には、科学的手法に基づく聞き取りが不可欠です。例えば、質問の仕方やデータの分析には発達領域の専門家が、心理学、医学、データサイエンスといった専門的手法を活用して偏りを防ぎます。これが子どもアドボカシーと異なる専門性です。個々の意見を尊重しながらも、それを統合し、政策形成に役立つ形にすることができる専門分野です。

②子どもたちの安全を確保する

意見を述べる機会が提供されるだけでは十分ではありません。その声が原因で子どもが偏見や差別を受けたり、心理的負担を抱えたりしないよう、発言のプロセスに十分な配慮が必要です。専門家がそれを分析・解釈し、科学的根拠に基づいた政策提言の形に仕上げるべきです。このプロセスは、感情論に偏らず、実効性の高い政策を作るためだけではなく、子どもたちの安全のためにも必要です。

③科学と当事者協働の重要性

科学者、当事者、親、支援者の協働が求められます。この協働は、ただ意見を聞くだけでなく、それを基にして政策形成に必要なエビデンスを構築するプロセスです。子どもたちやその親、支援者を巻き込み、政策形成に関与させる「参加型アプローチ」が重要です。このアプローチにより、子どもたちの実際のニーズを反映できると同時に、当事者たちが「自分の意見が尊重されている」と感じることができます。

そして政策の基盤には、定量的・定性的なデータが必要です。声を聞くプロセスの中で得られるデータについて、そのデータを理解できる専門家が、統計や社会調査の手法で分析して政策提言に活用します。このデータ駆動型の政策形成により、感情論ではなく、エビデンスに基づく判断が可能となります。

そして発達障害を持つ子どもたちの支援政策は、短期的な効果だけでなく、長期的な影響も考慮する必要があります。例えば、特定の支援が成人後の自立や社会参加にどのように影響するかを予測し、その成果を測定する仕組みを組み込むべきです。

温かく知的な社会を築くために

この政策形成には、感情的な共感と冷静な科学的分析の両方が必要です。これらを統合することで、子どもたちが直面する課題を適切に理解し、それに対応する政策を形作ることができるのです。まさに、それができるのは学術と研究です。

私たちが目指すべきは、科学的根拠をもとにすべての子どもがその多様性を尊重され、自己実現の可能性を追求できる社会です。これにより、子どもたちが安全かつ尊厳を持って意見を述べられる環境を整え、より実効性の高い政策を実現できます。発達障害を持つ子どもたちが抱える課題に向き合うことは、社会全体の責務です。科学的根拠と温かい視点の両方を持ちながら、この課題に取り組むことで、すべての子どもたちが輝ける未来を築くことができると考えています。

和田一郎

安心して子育てできる社会とは？

少子化が進む日本では、「安心して子育てができる社会」を築くことが急務です。しかし、現状の政策や社会制度には、いくつかの大きな課題が潜んでいます。子どもの出自や親の所得による不平等、社会保障制度の構造的な歪みが、親たちの不安を煽り、結果として少子化をさらに加速させています。これらの課題に正面から向き合い、すべての子どもが平等に育つことができる社会を実現するために、科学的根拠に基づいた公平で効果的な政策が必要です。

出自による差別と所得制限の問題

子どもが自分の出自を選ぶことはできません。それにもかかわらず、親の所得や社会的地位によって、子どもが受けられる支援が制限される現状があります。例えば、所得制限付きの児童手当や教育支援は、低所得層の家庭には一定の支援を提供する一方で、中間層には重い負担を強いる結果となっています。これにより、いわゆる「ミドルクラスの悲劇」が生じています。中間層は、支援を受けられない一方で高い税負担を課され、結果として子育てに必要なリソースを確保することが困難になります。こうした制度は、子どもの発達や教育に必要な環境を不公平にし、対立を生み出し、結果として社会全体のポテンシャルを削ぐものです。OECDの報告でも、所得制限を伴う政策は格差を助長し、長期的な経済成長を妨げる可能性があると指摘されています。すべての子どもに平等な機会を提供するためには、所得制限を廃止し、普遍的な支援を提供する仕組みへの移行が必要です。

社会保障制度の構造的課題

日本の社会保障制度は賦課方式を採用しており、現役世代が高齢者の年金や医療費を支える仕組みになっています。特に、子育て世帯にとっては、この負担が子どもに投資する余裕を奪い、希望する人数の子どもを持つことを困難にしている現状があります。内閣府によると、多くの家庭が「経済的な理由」で希望する人数の子どもの数を持てていないと報告されています。この問題は、個人の選択の問題ではなく、社会構造の課題です。家計が圧迫される現役世代が、将来を担う子どもたちに十分に投資できない現状を放置することは、社会の持続可能性そのものを危うくします。

公平な子育て支援が必要な理由

こうした課題に対する解決策は明確です。それは、子どもを中心に据えた公平な社会制度の構築です。以下に具体的な提案を挙げます。

①所得制限を廃止した普遍的な子育て支援

所得制限のない子育て支援サービスを提供することで、すべての家庭が安心して子育てに集中できる環境を整備します。これにより、所得層に関係なく子どもたちが平等なスタートを切ることが可能になります。また、その所得を分ける事務量は膨大であるため、行政を圧迫している弊害の解決にもつながります。

②教育費の負担軽減

教育費は、多くの家庭にとって大きな負担です。これを軽減するため、教育費を所得控除の対象とする施策を検討すべきです。教育は個人の問題ではなく、社会全体の安定と成長に直結する投資です。

③子どもに関する税制の見直し

かつて存在した扶養控除等を復活させ、特に複数の子どもを育てる家庭に対する税制優遇を拡充します。これにより、子育て世帯の経済的負担を直接的に軽減できます。

子どもたちは将来の社会の担い手であり、彼らが健やかに育つ環境を整えることは、社会全体の利益につながります。さらに、子どもを大切にする社会は、すべての人にとって居心地のよい社会でもあります。私たち大人の責任は、次世代に公平で持続可能な社会を残すことです。「安心して子育てができる社会」を実現するためには、すべての子どもに公平な機会を提供する制度改革が必要です。子どもたちを温かく見守り支援することは、社会全体の持続可能性を高め、全員の幸福につながる行為です。この視点を共有し、子どもたちが安心して育つ社会をともに築きましょう。

和田一郎

発達障害児への適切な支援

支援や療育という言葉の罠

発達障害当事者のボクは、障害のある子どもの療育の仕事をしています。個別の療育を保護者に見てもらいながら、並行して保護者の相談を受けています。いつも伝えているのは、「療育は1か月に1時間ですが、家庭にいる時間は30日です。一緒に、ゆっくりお子さんの発達を支えていきましょう」ということ。そして子どもにとって嬉しい言葉かけや、スモールステップで取り組んでいけばできるようになることを一緒に確認しています。家での癇癪の対応方法や、ご褒美を設定するとよいことなど、どうすれば面白く子育てができるかについて提案しています。

発達障害は今を生きる障害

保護者から、「発達障害とは何でしょうか」と聞かれることがよくあります。発達障害の当事者としては、「今を生きる障害」とお伝えしています。ボクは小さい頃、今ほしい玩具が手に入らないからとパニックになって母を叩いたり、学校で急な変更があると「今は受け入れられない」と怒ったり。今、どうすることもできずに笑いながら友達にちょっかいを出してしまう経験（お花畑型パニック）もありました。

あの頃のボクに必要だったのは、「困っているのは今。具体的な対処法を教えてほしいのも今」ということでした。当事者が〝気になる行動〟をとった〝瞬間〟に、どうすればよいのかをともに支える必要があるのが発達障害ではないかと思います。

適切な子育てとは何か

「適切」とは、誰にとっての適切なのでしょうか。大人が勝手に決めたことであって、子ども本人の考える行動ではないことが多いように感じます。まずは子どもが喜ぶ活動、喜ぶものは何なのか、リストアップしてみましょう。子どもは、がんばったことに喜びがあると、学びになっていきます。

その次に、大人側がしてほしいことに対して、子どもが喜ぶことを設定してあげましょう。よく「喜び（ご褒美）がないとできない子になってしまわないか」という質問をいただきますが、大丈夫。子どもはわざわざ大人から叱られるために気になる行動をしているわけではなく、今を必死に生きているだけ。だからこそ、できた時にはその子と一緒に喜びを分かち合うためのものや活動を設定しましょう。決して高価なご褒美をあげるわけではないのです。例えば「1週間のお手伝いを8割がんばったから、アイス買いに行こうか！」というくらいのプチお祝いがおすすめです。

子どもは年齢とともに発達し、できることも増えていきます。その分、気になる行動が出てくるかもしれません。「しなければならない、将来困る」という考えよりも、気をラクに今を大切にして、今からできることに一緒にじっくり取り組むことが大切です。今の先に、将来があるのですから。子どもはいつも自分の考えで動きます。時には失敗もするでしょう。けれど時には、大きな成功体験を積めるかもしれません。

今、子育てがうまくいかないという時には、子どもと一緒に歩んだ記録や写真をじっくり眺めてみてほしいのです。5年前は歩くこともできなかった。3年前は学校でのことを一切話してくれなかったなど、ここまでの経過を振り返ることも大切ではないかと思います。

最後にメッセージを送ります。どうか「発達障害」という言葉に惑わされないでください。子どもが生まれた瞬間を、思い出してみてください。ボクも、わが子が生まれた時には涙が出るほど嬉しかった。その後、その子が自閉症スペクトラム、注意欠如多動症だと診断された時には、衝撃を受けました。でも妻が「息子は息子だよ。生まれてきてくれて嬉しい」と言うのを聞き、心から反省しました。「息子には生きづらさがあるけれど、それ以前にわが子だ。愛してあげたい存在だ」と。

生まれてきてくれてありがとう、生きてくれてありがとうという気持ちで、日々向き合っています。

難波寿和

開発途上国における障害のある子どもたち

障害のある子どもたちにとって、教育・福祉・医療の制度・施策がどのような水準にあるのかによって、QOL（生活の質）は大きく左右します。私は、約30年前にベトナムの在宅障害児の生活実態調査の取り組みに参加して以来、そのことを目の当たりにしてきました。ベトナムはフランスからの独立戦争、その後のベトナム戦争へと続き、化学兵器である枯れ葉剤が散布されるなど、多くの人命が失われ、その被害は甚大でした。後世にも直接的・間接的な影響を与え、戦後の復興に長らく苦しんできました。

ベトナムの比較研究を通じて

現在のベトナムは、著しい経済成長によって開発途上国から中進国に移行していますが、学校教育の就学率には今なお課題があります。例えば、少し古いデータですが、ベトナム国家統計局（2018）「2016年ベトナム全国障害者調査」によると、小学校の総就学率：88・41％（非障害児100・85％）、同中学校：74・68％（同94・32％）、高校：39・35％（同75・83％）となっています。同局は、調査結果に基づいて、障害者が教育を受ける可能性が低いとした上で、教育からの排除は障害者の将来にわたる社会参加に対する主要な障壁となるとしています。さらに、アクセス困難な学校や専門的な教員不足、子どもたちの教育的ニーズに合っていない不適切な教育、中途退学の可能性など、教育からの排除の要因を指摘しています。

つまり、障害のある子どもは障害のない子どもに比べて、学校教育を受けている割合が低く、子どもの障害や教育的ニーズに対応した学校や教員の不足等にその要因があるということです。（黒田2015、2006）（黒田ほか2023、2017）

ただ、ベトナム政府が障害のある子どもの教育を放置しているわけではありません。国際的動向に合わせた通常教育の改革に連動して、インクルーシブ教育の推進により障害のある子どもの教育、その質保証を進めようとしています。

また、ベトナムの教員、医師、専門家は、乏しい社会資源の中で、障害のある子どもたちに対する実践に献身的に取り組んでいます。例えば、ベトナム戦争時に医学教育を受け、戦後、療育センターを設立、運営する医師もいます。あるいは枯れ葉剤による戦争被害を国内外に訴え、国会議員を務めた産科医もいます（黒田 2019）。このような支援活動は、日本の明治・大正・昭和の時代、障害児教育・福祉の黎明期に活躍した教育者、専門家による奮闘を現代に垣間見るようです。

東南アジアの現状と世界の課題

東南アジアの開発途上国、中進国は、障害児の就学率向上と質保証が課題です。2012年に設立されたSEAMEO－SEN（東南アジア教育大臣機構・特別な教育ニーズセンター、所在国マレーシア）は、東南アジア地域の特別な教育的ニーズに対応する研究・教育の質を高めることを目指しています。具体的には、視覚、聴覚・言語、身体、知的の各障害、発達障害、重複障害に加え、学習困難な子ども、才能のある子どものニーズをサポートし、地域間における情報交換、研究教育、教員研修、教育支援、相談支援、各種会議やセミナーの開催などに取り組んでいます。

このようなアジアにおける障害者施策は、国連アジア太平洋経済社会委員会（UNESCAP）「アジア太平洋障害者の十年（1993－2002年）」の取り組み以降、国際協力の下で着実な歩みを示しています。現在では、「第四次アジア太平洋障害者の10年（2023－2032年）」に引き継がれ、国連障害者権利条約に基づき、政策決定への障害者の参画、アクセシビリティの確保などを課題としています。

したがって、障害のある子どもたちのQOLの向上は、開発途上国や中進国にとっては共通する課題の一つとなっています。経済的貧困からの脱却と経済成長、戦後復興とインフラ整備が、障害のある子どもたちの生命・生活・人生を左右するのです。経済的基盤の成熟度を高めつつ教育・福祉・医療の水準を向上させ、障害のある子どもの教育、障害者施策を各国の主要施策として、推進することが求められています。

ベトナムの比較研究を通じて、「歴史は何度も繰り返されるのか」と、絶え間のない国際紛争に強い危機感を抱いています。ウクライナやパレスチナでの一刻も早い戦争の終結が求められると同時に、戦後に控える復興、戦争被害者である障害児者への国際協力が必至となります。産まれた環境で人生を左右させてはなりません。

黒田 学

終章

発達障害を持つ子と保護者のために

ここまで、いろいろな視点から発達障害を持つ子どもたちと保護者の皆さんを見つめてきました。

最後に、これから成長していく子どもたちのために、一番お伝えしたいことをご紹介します。

「気になる子ども」って何？

「気になる子ども」という言葉は、昨今の教育や保育の現場でよく使われるようになりました。起源ははっきりしませんが、保育や教育の現場で「問題児」といった好ましくない呼び方が消えていく中で生まれた表現です。障害に対する見方が時代によって変わる中で、大人にとっての「問題」から、子ども自身の「困難さ」に注目するようになったとも言えます。しかし、今でも「大人にとって扱いにくい子どもの総称」として使われているケースが少なくありません。そもそも「気になる子ども」という言葉の裏には、「目の前の困難さを誰かの責任に押し付けるのではなく、よりよくする方法を探そう」という視点が含まれています。

「気になる子ども」とは、発達障害グレーゾーンの子どもや、大人が扱いにくい子どもを指すわけではありません。子ども自身が今、感じている困難さに目を向けること。それこそが、本来の「気になる子ども」の意味なのです。

親子間にとどまらない発達の問題

日本では今なお、発達障害の問題が家庭の問題（時にしつけの問題）とされがちです。さらに、時代錯誤な「母性神話」によって、発達障害特性を持つ子どもの母親が苦しめられています。

発達障害のある子どもが抱える困難は、決して「親と子どもと学校」だけの問題ではありません。社会生活上の困難を生み出しているのは、私たち一人ひとりであり、これは「社会問題」として考えるべき課題です。

例えば、療育を受けるには費用と時間がかかります。その間、養育者の就業時間は減少し、経済的な不安定さにもつながります。不登校の子どもを持つ家庭では、約3割で親の収入が減少するという報告もあります。こうした状況は、親の精神的な負担を増し、結果的に子ども自身の成長にも影響を及ぼしかねません。さらに発達障害の特性が十分に理解されず、ディスコミュニケーションが学校や社会で積み重なると、不登校や引きこもりといった事態のリスクを高めてしまいます。「発達障害＝個人の問題」ではなく、社会全体の課題として捉える視点を持つことが必要です。

ここにジェンダーの偏見なども絡むと、事態はより悪化します。「子育ては母親の役割」という価値観が今なお根強く残ることで、父親や社会全体のサポートが不十分になり、負担が偏ってしまうのです。

ここでは詳しく触れませんが、「気になる子ども」を社会全体の問題として捉え、家庭・学校・地域が協力し合う姿勢は、昨今注目されている「ヤングケアラー」の支援にもつながるはずです。社会問題は、広く俯瞰しなければ絶対に解決しません。

相互成長の観点から（家庭と学校と地域）

「親の関わりが子どもの成長を決める」と考えられがちですが、それと同じくらい「子どもの姿が親を成長させる」ことも忘れてはいけません。これは親子関係だけでなく、学校の先生と児童の関係でも同じです。「完璧な親にならなきゃ！」と思うほど余裕がなくなり、結果的に子どもへの対応が厳しくなってしまうこともあります。子どもの「できないところ」ではなく、「できた」を褒めようと言われますが、それは親自身にも言えることです。養育者が「前よりちょっといい感じ」と思える余裕を持てることが大事であり、そう言った社会風土を作り身近な地域が支えることが重要です。

テンプレートな思考や「自分の経験」を相手に押し付けることは、誰も幸せにしません。それぞれの親、子ども、家庭が違うように、成長の形もまた違うのです。

子どもの育ちを支える学校

先生（学校）との関係性も同じです。よく話題にのぼる「合理的配慮をするかしないか問題」も、子どもの未来について「チーム子ども」で話し合う最初のきっかけにすぎません。そこで養育者も先生も新たな気付き（相互成長）が起きるわけです。対立軸を作るのは子どもにとって何のメリットもありません。本人（特性の有無にかかわらず）も保護者も学校も支援者も、限られたリソースの中で日々奮闘をしていることを心に留めておきましょう。家庭と同じく、学校も教育の場であり訓練の場ではありません。まずお互いの立場や持っているリソースについてリスペクトをもって知る姿勢が大事です。子どもの育ちを支える「個別指導計画」は、昨今保護者と先生で相互に意見を出し合える土壌が育ちつつあります。そこでも目標を共有して、お互いの立場でできることを探す姿勢を持ちたいと思います（これは専門職支援者も同じ）。

最後に

環境が変わると見え方も変わりますし、困難さも変わります。すべての子どもが、ある時点では「気になる子ども」となった（なっていた）はずです。

だからこそ、この問題を「特定の子どもと家庭の問題」としてではなく、社会全体の課題として捉えるべきではないでしょうか。「グレーゾーン」という言葉は（好きではありませんが）、その人を取り巻く環境や、人々の見方によって「白にも黒にもなる」のです。

川﨑聡大

おわりに

ここまで読んでいただき、ありがとうございました。「気になる子ども」という言葉を入り口に、発達障害、子育て、学校との関係、社会とのつながりについて、一緒に考えてきました。

この本を通じて、子どもと養育者の関係性の中だけで問題を解決しようとすることなく、少し俯瞰した視点に立って、今より少し生活をよくする手がかりが得られることを願っています。

発達障害の特性のある子どもをどう支援すればいいか、一人ひとりの最適解は異なりますし、すぐに答えが出るものではありません。

ただ、困難さを誰かの・何かの責任にすることで解決するものでもありませんし、場合によっては状況を悪くしたり、さらに誰かの思いを傷つけることもあるかもしれません。

際立たせるべきは「子どもができないこと」ではなく、「子どもがどうすればできるか・楽しく過ごせるか」であり、そこに皆さんの資源を集中させるべきです。

「発達障害特性を治す（なくす）」といった飛躍した考え方は、誤った優生学にもつながりかねずとても危険なものです。すべての子どもが、ある時点で「気になる子ども」になる可能性があるのですから。

だからこそ、特定の子どもとその家庭の問題として片付けるのではなく、社会全体の課題として、こどもも、親も、先生も、地域のおっちゃんも一人の人間として、向き合うことが大切です。

すべての子どもたちが、それぞれのペースで育っていける社会を目指して。

子育ては「個人戦」ではなく、社会全体で支えるもの。しかし、現状では、家庭や地域によって受けられる支援の差が大きく、「地域ガチャ」が生じています。

子育てが「別ゲーム」にならないように、どこに住んでいても、どんな家庭であっても、必要な支援が届く社会へ。

本書が、その一助となれば幸いです。

最後に、本書の執筆にあたり、一緒に取り組んでくださった石田先生、神谷先生、川上先生、三富先生、和田先生に、心より感謝いたします。また、本編に協力してくださった荻布先生、また内山先生をはじめ「聞きたい・知りたい」コラムを執筆してくださった先生方に御礼申し上げます。

そしてこの企画をともに作り上げてくださった編集の川田さん、支えてくださった矢島さんにも感謝いたします。

教育や支援の現場で日々奮闘されている先生方、保護者の皆さま、そして子どもたち。そして、ここまで読んでくださったあなたにも、心からの感謝を。

2025年3月　川﨑聡大

序章

P14-17

- 髙橋三郎・大野 裕 監訳 (2023)『DSM-5-TR 精神疾患の診断・統計マニュアル』医学書院

P18-21

- Wakefield, A. J., et al. (1998). "Ileal-lymphoid-nodular hyperplasia, non-specific colitis, and pervasive developmental disorder in children." The Lancet, 351(9103), 637-641.
- The Editors of The Lancet. (2010). "Retraction—Ileal-lymphoid-nodular hyperplasia, non-specific colitis, and pervasive developmental disorder in children." The Lancet, 375(9713), 445.
- Taylor, L. E., Swerdfeger, A. L., & Eslick, G. D. (2014). "Vaccines are not associated with autism: An evidence-based meta-analysis of case-control and cohort studies." Vaccine, 32(29), 3623-3629.

第2章

P62-65

- 菅野幸恵 (2001) 母親が子どもをイヤになるとき：育児における不安感情とそれに対する説明づけ. 発達心理学研究, 12(1), 12-23.

P70-73

- 谷本雅之. (2011) 谷本雅之. (2011). 近代日本の世帯経済と女性労働:「小経営」における「従業」と「家事」.大原社会問題研究所雑誌, 635·636, 7-25.

P86-89

- Kanamori, K., Suzuki, T., Ota, C. et al. (2024). Group childcare has a positive impact on child development from the Japan Environment and Children's Study. Sci Rep 14, 29550 https://doi.org/10.1038/s41598-024-81343-9
- 野崎華世 (2013) 乳幼児期における母親の就業が子どもの成長に与える影響. 樋口美雄·赤林英夫·大野由香子·慶應義塾大学·パネルデータ設計·解析センター編 働き方と幸福感のダイナミズム-家族とライフサイクルの影響. pp.103-120.

P106-108

- Rapport, M. D., Orban, S. A., Kolfler, M. J. and Friedman, L. M. (2013). Do programs designed to train working memory, other executive functions, and attention benefit children with ADHD? A meta-analytic review of cognitive, academic, and behavioral outcomes. Clinical Psychology Review. 33, 1237-1252.
- Cortes, S., Ferrin, M., Brandeis, D., Buitelaar, J., Daley, D., Dittmann, R. W., Holtmann, M., Santosh, P., Stevenson, J. Stringaris, A., Zuddas, A., Sonuga-Barke, E. J. S., and European ADHD Guidelines Group (EAGG).(2015). Cognitive training for attention-deficit/hyperactivity disorder: meta-analysis of clinical and neuropsychological outcomes from randomized controlled trials. *Journal of The American Academy of Child & Adolescent Psychiatry*. 54, 3, 164-174.

第3章

P161-164

- 片桐正敏 編著 (2021)『ギフテッドの個性を知り、伸ばす方法』小学館
- National Association for Gifted Children (2019). Position statement. A definition of giftedness that guides best practice. National Association for Gifted Children. https://cdn.ymaws.com/nagc.org/resource/resmgr/knowledge-center/position-statements/a_definition_of_giftedness_t.pdf

第4章

P166-169

- Armstrong, T. (2010). The Power of Neurodiversity: Unleashing the Advantages of Your Differently Wired Brain. DaCapo Press.
  https://wellcomecollection.org/works/ytuhwjny

● Happe, F., & Frith, U. (2020). "Annual Research Review: Looking back to look forward – changes in the concept of autism and implications for future research." Journal of Child Psychology and Psychiatry.
https://pubmed.ncbi.nlm.nih.gov/31994188/

P174-177

● 山縣文治 著（2023）「少子高齢社会の姿と子どもの育ち」『よくわかる子ども家庭福祉』ミネルヴァ書房

● Haruyo Mitani, Naoki Kondo, Airi Amemiya, Takahiro Tabuchi,Promotive and protective effects of community-related positive childhood experiences on adult health outcomes in the context of adverse childhood experiences: a nationwide cross-sectional survey in Japan　BMJ Open. 2024 Jun　25;14(6):e082134.

P178-181

● こども家庭庁ホームページ「ヤングケアラーについて」
https://www.cfa.go.jp/policies/young-carer

● 三菱UFJリサーチ・コンサルティング「令和 2 年度 調査研究（報告）」
https://www.murc.jp/wp-content/uploads/2021/04/koukai_210412_7.pdf

P198-201

● Creswell, J. W. (2014). *Research Design: Qualitative, Quantitative, and Mixed Methods Approaches*. Sage Publications.
https://uk.sagepub.com/en-gb/eur/research-design/book270550

P202-205

● OECD. (2019). *Under Pressure: The Squeezed Middle Class*. OECD Publishing.
https://www.oecd.org/en/publications/under-pressure-the-squeezed-middle-class_689afed1-en.html

● 少子化社会対策白書(2022)
https://www.gov-online.go.jp/data_room/publication/202207/cao-003.html

P210-213

● Vietnam National survey on people with disabilities 2016
https://www.gso.gov.vn/en/data-and-statistics/2019/03/vietnam-national-survey-on-people-with-disabilities-2016/

● SEAMEO-SEN　https://seameosen.edu.my/

● UNESCAP
https://www.unescap.org/events/2022/high-level-intergovernmental-meeting-final-review-asian-and-pacific-decade-persons

● 内閣府、令和 5 年版障害者白書
https://www8.cao.go.jp/shougai/whitepaper/r05hakusho/zenbun/h2_06_01.html

● 黒田学 著（2019）『若き医師たちのベトナム戦争とその後－戦後の礎を築いた人たち』クリエイツかもがわ

● 黒田学 著（2015）「ベトナムの障害者教育法制と就学実態」小林昌之編『開発途上国の障害者教育－教育法制と就学実態』アジア経済研究所

● 黒田学（2006）『ベトナムの障害者と発達保障』文理閣

● 黒田学 著（1995）「ベトナム障害児家族の生活実態に関する研究－ 1994 年ホーチミン市特別区ナーベ県を中心とする調査報告－」『人間発達研究所紀要（9）』

● 黒田学、伊井勇、岡ひろみ、平沼博将、向井啓二（2023）「ベトナムにおける障害児教育・福祉の動向と課題　―ハノイとホーチミン市の事例調査を通じて―」『立命館産業社会論集、59(1)』

● 黒田学、武分祥子、小西 豊（2017）「ベトナムの障害者教育・福祉の実情と課題」『アジア・日本のインクルーシブ教育と福祉の課題』クリエイツかもがわ

発達障害《はったつしょうがい》の子《こ》が羽《は》ばたくチカラ

気《き》になる子《こ》どもの育《そだ》ちかた

2025年4月2日　初版発行

監修・著　川崎《かわさき》　聡大《あきひろ》
著　川上《かわかみ》　康則《やすのり》
神谷《かみや》　哲司《てつじ》
三富《みとみ》　貴子《たかこ》
和田《わだ》　一郎《いちろう》
石田《いしだ》　賀奈子《かなこ》
発行者　山下　直久
発行　株式会社KADOKAWA
〒102-8177　東京都千代田区富士見2-13-3
電話0570-002-301（ナビダイヤル）
印刷所　TOPPANクロレ株式会社
製本所　TOPPANクロレ株式会社

●お問い合わせ
https://www.kadokawa.co.jp/（「お問い合わせ」へお進みください）
※内容によっては、お答えできない場合があります。
※サポートは日本国内のみとさせていただきます。
※Japanese text only

定価はカバーに表示してあります。

ISBN 978-4-04-607299-3　C0037